O Sentido e a Máscara

Coleção Debates
Dirigida por J. Guinsburg

Equipe de realização – Revisão: Geraldo Gerson de Souza; Produção: Ricardo W. Neves e Sergio Kon.

gerd a. bornheim
O SENTIDO E A MÁSCARA

PERSPECTIVA

Dados Internacionais de Catalogação na Publicação (CIP)
(Câmara Brasileira do Livro, SP, Brasil)

Bornheim, Gerd A., 1929-2002.
   O sentido e a máscara / Gerd Alberto Bornheim. — São Paulo: Perspectiva, 2007. — (Debates ; 8 /dirigida por J. Guinsburg)

   3ª reimpr. da 3. ed. de 1992.
   ISBN 978-85-273-0332-3

   1. Teatro 2. Teatro - História e crítica 3. Crítica teatral I. Guinsburg, J. II. Título. III. Série.

04-5427   CDD-801.952

Índices para catálogo sistemático:
1. Teatro : Crítica : Teoria literária 801.952

3ª edição – 3ª reimpressão
[PPD]

Direitos reservados à
EDITORA PERSPECTIVA LTDA
Av. Brigadeiro Luís Antônio, 3025
01401-000 – São Paulo – SP – Brasil
Telefax: (0--11) 3885-8388
www.editoraperspectiva.com.br

2020

SUMÁRIO

1. Advertência 7
2. Questões do Teatro Contemporâneo 9
3. Compreensão do Teatro de Vanguarda 37
4. Ionesco e o Teatro Puro 47
5. Duas Características do Expressionismo 63
6. Breves Observações sobre o Sentido e a Evolução do Trágico 69
7. Kleist e a Condição Romântica 93
8. *Egmont*, de Goethe 105
9. Vigência de Brecht 111
10. A Propósito de Jacques e a Submissão de Ionesco ... 115

ADVERTÊNCIA

O presente livro contém estudos sobre diversos aspectos da realidade teatral, e não foi elaborado com vistas a uma unidade de conjunto. São artigos e conferências realizados ao sabor das circunstâncias, quase sempre atendendo a uma solicitação exterior. Não obstante, cremos que os estudos ora enfeixados em volume apresentam certa unidade, ao menos em relação às preocupações do autor: a estética, em especial a do teatro, e sua inserção na cultura. Além disso, a quase totalidade destas páginas discute problemas do teatro contemporâneo — de sua situação atual e de seus pressupostos históricos.

QUESTÕES DO TEATRO CONTEMPORÂNEO

A situação do teatro contemporâneo é extremamente complexa, para não dizer caótica. Errado, contudo, andaria quem disso inferisse que se trata de um teatro pobre, sem imaginação, desprovido de recursos maiores. Deve-se mesmo afirmar que é exatamente o contrário que se verifica: o panorama do teatro de hoje é, inegavelmente, de uma riqueza imensa, de uma pluralidade de experiências jamais vista em nenhuma fase da história da dramaturgia e da arte cênica. E é precisamente esta pujança que torna a realidade teatral problemática, complexa, e mesmo caótica. O grande problema está em captar a sua unidade, ou em estabelecer os critérios básicos que possibilitem uma visão orgânica e unitária do conjunto. Poder-se-ia pensar que essa dificuldade se deva ao fato de ainda não dispormos da suficiente perspectiva histórica para julgar tal estado de coisas. Isto, porém, afora de ser demasiado simples, desobriga da necessidade de uma tomada de consciência da situação.

Podemos aqui também abusar da bem conhecida afirmação: outras épocas tiveram um estilo, a nossa apresenta estilos. De fato, praticamente cada autor tem o seu estilo e exige a sua forma inconfundível de teatro. A conseqüência é uma situação plurifacetada, que oferece consideráveis dificuldades para uma aproximação crítica. A fim de compreender o insólito do problema, basta fixar a atenção nas grandes épocas do teatro do passado. O teatro elisabetano, por exemplo, tem um estilo único, que abarca, fundamentalmente, ao menos, toda a dramaturgia da época (respeitadas, é claro, as variações), todos os problemas técnicos e artísticos do teatro, estendendo-se inclusive à relação entre o espetáculo e o público. Os exemplos podem ser multiplicados a esmo, pois é essa profunda unidade que caracteriza os principais momentos da vida do teatro. Mas em que consiste, onde reside a unidade do teatro contemporâneo? Qual é o denominador comum entre autores como T. Williams, B. Brecht, Ionesco, Claudel, Garcia Lorca, Pirandello? A pergunta é desnorteante; são mundos tão separados, tão autônomos, que qualquer tentativa de estabelecer coordenadas comuns incorre no risco de extraviar-se no acidental, ou de interpretar o suposto comum de tal modo que se perca o sentido que lhe empresta cada autor dentro da estrutura global de sua dramaturgia. E o problema não se reduz apenas ao dramaturgo. Aquela preeminência do texto, que domina o teatro dos últimos séculos, autorizava a restrição da análise a uma perspectiva puramente literária. Hoje, ao contrário, tornou-se imprescindível a análise do fenômeno teatral considerado em sua totalidade, devendo-se acrescentar que esta totalidade já não se move, como acontecia no passado, entre limites mais ou menos estáveis — o que torna o problema ainda mais complexo. O dramaturgo, o diretor, o ator, o cenarista, não encontram o apoio de convenções estabelecidas, e quando pretendem seguir fórmulas prontas terminam por condenar-se à monotonia da marginalidade.

Como explicar essa ausência de unidade? Como compreender essa complexidade atomizante? Uma resposta poderia ser encontrada, por exemplo, na inexpugnável ânsia de originalidade que acompanha todas as manifestações culturais de hoje. Outra explicação freqüente tenta reduzir o problema ao progressivo desgaste da tradição cultural, tradição esta que teria redundado na tão decantada "decadência do Ocidente". Nesse segundo caso, aquela exigência de originalidade deveria ser explicada através do empobrecimento ou da ausência de força criadora real. Mas é exatamente esse pretenso empobrecimento que não pode ser aceito por quem observa, mesmo superficialmente, o teatro de nossos dias. O máximo que se poderia afirmar é que as coisas se tornaram muito mais difíceis; é o ponto de vista de T. S. Eliot, quando diz que "os grandes períodos talvez não tenham produzido mais talento que o nosso; mas menos talento foi usado inutilmente" [1]. O mesmo Eliot afirma que "numa época sem forma há pouca esperança para o poeta menor fazer algo que valha o empenho".

Ora, essas dificuldades, a ausência de forma, de unidade, e por outro lado, a enorme variedade do teatro contemporâneo nos mais diversos sentidos, desde o dramaturgo até as mais humildes tarefas nos bastidores de um palco, obrigam a fazer a pergunta: qual é a situação do teatro de hoje? Quais são, a despeito de tudo, as coordenadas que vêm determinando a sua evolução? Ou melhor: quais são os seus problemas fundamentais, já que tudo parece ser tão problemático? Não pretendemos, nas linhas que seguem, responder a essas perguntas. Para dar-lhes uma resposta não bastaria sequer fazer uma história da dramaturgia contemporânea, acrescida do exame das diversas teorias sobre o trabalho do ator e ainda das inúmeras maneiras vigentes de compreender o espetáculo. Sem a pretensão de esgotar o assunto, queremos tão-só acenar — visando sempre à globalidade do fenômeno teatral — para

(1) in *The Sacred Wood*, Londres, 1963. Pág. 64.

alguns dos problemas do teatro de hoje, aqueles problemas que nos parecem os mais essenciais.

Comecemos pelo problema da situação do realismo e a necessidade que se faz sentir, nestes últimos decênios, de um modo sempre mais forte, de vencer os seus limites. A importância deste problema decorre do fato de que nos últimos séculos o teatro ocidental se prende precisamente ao que cada escola julga seja o realismo. E fazemos menção apenas aos séculos mais recentes, a fim de simplificarmos o problema e minimizarmos a insuportável saturação que desvirtua a palavra realismo. É a verdade realista que defendem os clássicos franceses; mas é também em nome da verdade realista que o romantismo de um Victor Hugo recusa aqueles clássicos; e é mais uma vez em nome da verdade realista que o naturalismo de Zola repele os românticos. Mas a essa altura da evolução — fins do século passado —, o realismo se encontra em plena fase de decadência. Evidentemente, não se pode pretender dar à palavra realismo uma definição unívoca, a não ser em nome de uma normatividade que, de resto, é sempre provisória. Em nossos dias, isso tornou-se evidente; no teatro contemporâneo encontramos diversas modalidades de realismo: — assim, relativiza-se — e supera-se — o absolutismo daquelas "verdades" tradicionais.

Mas queremos referir-nos ao tipo de realismo que invadiu o teatro em fins do século passado e princípios deste. Por um lado, vence o naturalismo, que pretende reproduzir o real de um modo servil; trata-se de uma forma de arte que dissolve o teatro, transformando-o numa espécie de *ersatz* da ciência: inutiliza a arte, na medida em que a despe dos meios de expressão que lhe são específicos. Mas ao lado desse naturalismo estreito, encontramos uma modalidade de realismo que tem ao menos o mérito de nos ter legado alguns grandes textos, com Tchekov, Ibsen, Strindberg, Hauptmann e alguns outros. O fato, porém, é que essa grandeza se prende quase sempre a um setor muito limitado da vida humana. São textos que permitem compreender, e intensamente, a decadência da classe burguesa, o dessoramento de uma certa estrutura social; freqüentemente abordam pequenos problemas de personagens condenadas de antemão ao fracasso. São peças de salão desprovidas de um horizonte histórico mais amplo. Muitas vezes, a ação se desenrola a partir de preconceitos positivistas ou ainda de um determinismo cego, que impedem qualquer dimensão humana maior.

Comparando esse teatro com o seu antepassado clássico, diz muito bem Fergusson que o realismo moderno deriva "daquela cena menor do racionalismo"[2]. O que no teatro do passado era mero detalhe da ação cênica, passa a ocupar o lugar central. O herói entra em declínio. E tudo acontece como se se verificasse uma espécie de alergia pela ação, pela grande ação dramática tal como a encontramos no passado. Poderíamos dizer que a ação é substituída por um clima de pré-ação — por uma pré-ação que se deixa absorver pelos problemas que nascem, digamos, do malogro da ação no sentido forte. A atmosfera passa, em conseqüência, a ocupar o primeiro plano: uma atmosfera quase sempre carregada, cinzenta, sombria, de tédio, de decadência. A reprodução mais exata possível da realidade, freqüentemente feita de um modo fotográfico, amarra o teatro, obrigando-o a desenvolver com máxima perfeição o ideal da ilusão cênica: o palco deve ser um substituto exato da realidade. A rigor, a arte cênica não deve existir; no teatro, o espectador deve esquecer o teatro.

Stanislavski foi o homem que soube levar esse ideal realista ao seu máximo de perfectibilidade; a influência que ele sofreu de Tchekov foi, como se sabe, decisiva.

O pressuposto fundamental de todo trabalho de Stanislavski é a sua fidelidade ao texto, o que implica em dizer, basicamente ao menos, fidelidade a Tchekov, e portanto, a um certo tipo de realismo cênico. Através de toda sua longa evolução é esta uma constante que permanece fundamentalmente verdadeira em seu trabalho. A despeito do fato de que ele tenha chegado a compreender, após o movimento revolucionário

(2) Francis Fergusson. *Evolução e Sentido do Teatro.* Rio de Janeiro. Pág. 144.

russo, a necessidade de ampliar a sua concepção do trabalho do ator; não obstante também as diversas experiências de tipo formal e abstrato que chegou a realizar, juntamente com Meyerhold e outros discípulos, em seus Estúdios — Stanislavski não deixou de ser um homem tradicional. Para compreendê-lo basta observar o respeito — um respeito que chega a ser quase religioso — com que emprega palavras como Verdade, Beleza, Arte. Sob esse ponto de vista, mais que uma abertura para o futuro do teatro, Stanislavski é um momento de conclusão; sob o aspecto cênico ele representa a derradeira etapa de um certo tipo de realismo teatral.

Devemos, contudo, fazer uma distinção. A concepção do teatro em que se insere Stanislavski coloca um problema; outro problema, porém, são as técnicas que elaborou relativas ao trabalho do ator. Em relação ao problema da concepção do teatro permanece válido o que afirmamos há pouco: trata-se de um momento de conclusão, mais voltado para o passado que para o futuro. Sem dúvida, Stanislavski sentiu a presença desse futuro; por isso, ele convidou Gordon Craig, um dos grandes profetas do teatro contemporâneo, para o diálogo e para montagem de *Hamlet*: o resultado só poderia ter sido, como foi, o fracasso e a incompreensão mútua. Stanislavski move-se ainda dentro da concepção clássica do homem — o animal racional, que domina o humanismo do Ocidente. Ele permaneceu aquém da crise que assola em nossos dias a compreensão tradicional do homem.

Embora as técnicas introduzidas por Stanislavski sejam incompreensíveis sem essa base ideológica, não podemos reduzi-las pura e simplesmente a essa concepção do mundo. Ao contrário disso, devemos mesmo dar-lhes um crédito muito maior. Toda teoria do ator, todos os seus métodos de trabalho, são relativos no sentido de que se aplicam a um determinado tipo de dramaturgia ou de direção cênica. Dentro dessa relatividade, o método de Stanislavski tem uma amplidão máxima, o que quer dizer que ele pode abranger uma extensão dramatúrgica muito grande. Mas seu método não deve nem pode ser aplicado indistintamente a todo e qualquer tipo de dramaturgia. Não pode ser aplicado, por exemplo, a largos setores da dramaturgia de vanguarda, na medida em que esse tipo de dramaturgia é inconciliável com a idéia de personalidade humana. Pois a personalidade humana é outro pressuposto básico do método de Stanislavski; é a partir de uma certa coerência psicofisiológica que a aplicação do método se torna possível; a partir também de uma certa coerência social. Mas quando estas coerências se desfazem, como acontece freqüentemente no teatro de vanguarda, o método se torna inexeqüível. Por outro lado, a flexibilidade dramática do tão discutido "sistema" alcança, às vezes, reconhecimentos surpreendentes. Assim Brecht, em determinado momento, impugnou o método; e compreende-se que o autor do *Círculo de Giz Caucasiano* fizesse reservas não só ao método, mas sobretudo aos seus pressupostos filosóficos. O mesmo Brecht reconheceu, porém, mais tarde, que o trabalho do ator poderia utilizar-se do método no caso de certas personagens, embora essa admissão se devesse restringir ao trabalho inicial do ator. E é evidente que não se pode dizer que o trabalho inicial careça de importância, pois ele visa nada menos que à compreensão da personagem.

De qualquer maneira, a teoria do ator de Stanislavski é, de longe, a mais completa que existe, não obstante o fato de que a sua obra tenha permanecido incompleta: ele publicou apenas dois dos oito livros programados. Mas o fundamental para o nosso problema é o seguinte: a postura espiritual básica de Stanislavski se coaduna perfeitamente bem com aquele realismo ao qual nos referimos acima, e que encontrou um dos seus expoentes em Tchekov.

Acontece, porém, que já a partir de fins do século passado o teatro começou a dar sinais de necessidade de alargamento, de vida nova, de busca de novos rumos. Passou-se a revalorizar certos aspectos esquecidos da tradição teatral. Começaram a pulular as interpretações sobre a origem do teatro, e perseguia- -se a realização de uma arte a mais integral possível, que oubesse atender aos elementos primevos do teatro. Appia, G. Craig, Meyerhold, Tairov e tantos outros, foram os paladinos dessa exigência de reforma; todos eles se inspiravam no que se convencionou chamar de teatro teatral. Os novos ideais fazem vacilar as próprias bases do realismo. O que esses autores combatem é precisamente a idéia de ilusão cênica, tudo aquilo que pretende fazer do palco a própria realidade; lutar por um teatro teatral é lutar por algo que aceita o teatro por aquilo que ele é: teatro. É verdade que os reformadores defendem as suas idéias com um ardor nem sempre isento de contradições, com uma radicalidade que se pretende total, mas que descamba às vezes para a utopia; de qualquer forma, o seu denominador comum é o ideal da "reteatralização" do teatro. Todo o trabalho do ator, a utilização dos elementos cênicos e sobretudo a concepção do espetáculo deveriam obedecer a critérios radicalmente novos; critérios que relevariam das exigências específicas da arte teatral, das dimensões propriamente cênicas do teatro. Sem dúvida, os desvios do esteticismo estão presentes, mas a pesquisa formal, orientada pela revolução inovadora, conseguiu de fato renovar profundamente a vida cênica.

Do ponto de vista da dramaturgia, a reforma do teatro se processa desde dentro daquele realismo à maneira de Tchekov e Ibsen. Diversos dos mais importantes defensores do realismo terminaram por superá-lo, como aconteceu com Ibsen, Strindberg, Hauptmann, Bernard Shaw. Shaw, por exemplo, à medida que evolui, compreende que o palco deve ser aceito como palco, e que nele se mostram certas personagens; *Major Bárbara* ainda é, no sentido tradicional, uma peça de salão; mas os grandes textos da maturidade transcendem em muito as limitações da primeira fase.

Mas quem se propôs de fato libertar o palco daquele realismo foi Pirandello. Aliás, o próprio Pirandello se ocupa do assunto no prefácio que escreveu à sua peça *Seis Personagens em Busca de um Autor*. Neste texto, que é fundamental para a compreensão do nosso problema, a certa altura pergunta ele o que é o próprio drama para uma personagem. E responde: "O drama é a razão de ser da personagem; é a sua função vital: necessária para existir". E acrescenta: "Eu, daqueles seis, aceitei o ser e recusei a razão de ser" [3]. As personagens podem ser românticas, mas a peça não o é; elas estão aí, diante do público, iluminadas no vazio do palco, despidas de sua razão de ser. Abandonando o realismo, Pirandello abre as portas que tornariam possíveis um Lorca, um Thornton Wilder, um Duerrenmatt, um Cocteau. Com Pirandello, a personagem começa a perder a sua própria identidade: sua personalidade se perde na dialética entre ser e parecer. E com isso os preceitos realistas do teatro se desfazem, entram em decomposição. O resultado foi aquilo que Melchinger chama de "renascença das formas" [4]. Verifica-se a superação daquela estreita compreensão do real e o surto de uma abertura para a "anti-realidade".

A "renascença das formas" trouxe ao teatro toda uma gama nova de possibilidades, devendo-se mesmo acrescentar que essas possibilidades têm dimensões cujas decorrências permanecem ainda, numa larga medida, insuspeitadas; embora a maioria dos grandes reformadores tenham desenvolvido as suas teorias nos primeiros decênios do século, tudo indica que estamos vivendo tão-só o início de um novo período da história do teatro. Os principais indícios dessa renovação podem ser encontrados em diversos pontos: — muito curiosamente, a influência do teatro oriental é notável em não poucos dramaturgos de nosso tempo; a presença do Oriente é uma constante também em praticamente todas as modernas teorias do teatro. Por outro lado, o passado do teatro ocidental passa a ser visto com novos olhos; desde os gregos e os mistérios medievais, até o teatro barroco, o teatro espanhol do Século de Ouro, a Itália da Commedia dell'Arte — a consciência histórica torna-se um fato atuante.

A constante dos últimos séculos do teatro ocidental pode ser vista na primazia absoluta que se costuma emprestar ao texto, e é exatamente tal primazia que entra em crise em nossos dias; se é verdade que essa crise tem raízes românticas, apenas no século XX consegue ela adquirir proporções maiores. Em decorrência,

(3) in *Sei Personaggi in cerca d'Autore*. Mondadori, 1951. Pág. 12.
(4) in *Drama zwischen Shaw und Brecht*. Bremen, 1957. Pág. 37.

outros aspectos do teatro que não os literários começam a ser valorizados, sendo inclusive, em certos casos, levados a uma absolutização. O palco, como dissemos, passa a ser compreendido como palco. O ator começa a ser valorizado sob muitos aspectos: pantomima, acrobacia, canto, dança etc. E se essa maior amplidão é exigida pelo teatro teatral, ela também deve ser compreendida a partir da própria dramaturgia. Ao tempo de Ibsen, o drama, à maneira do próprio Ibsen, era praticamente o único gênero dramático admitido: os outros não existiam, ou só eram praticados em condição de inferioridade. De nossos dias, ao contrário, pode-se dizer que todos os gêneros dramáticos são cultivados.

Mas cremos que estas sumárias indicações são suficientes para que se possa compreender a real riqueza do teatro contemporâneo e o profundo sentido de problematização que o informa; porque o passado não é apenas aceito ou repetido: muito mais ele é repensado, procurando dar-se ao que parece anacrônico novas possibilidades, num processo inventivo que recusa limites.

Há pouco usamos uma expressão que nos conduzirá a um segundo problema do teatro de nosso tempo: dissemos que a consciência histórica se torna um fato atuante. Realmente, ela deve ser apontada como um dos fatores que determinam a vida teatral de hoje.

Por consciência histórica não entendemos aqui o texto histórico, o drama que se ocupa com temas históricos, tal como o encontramos em Shakespeare ou nos românticos; também não nos queremos referir a toda essa dramaturgia que se prende à tomada de consciência do processo histórico, por importante que seja o problema da função social que essa dramaturgia possa desempenhar. A verdade é que o drama histórico ou a tomada de consciência, através do teatro, do processo histórico, não são elementos específicos do teatro contemporâneo. Por consciência histórica queremos entender aqui o fato de que a totalidade da dramaturgia ocidental — e mesmo não-ocidental — pertence ao repertório do nosso teatro, o que obriga a colocar certos problemas que afetam a própria situação do teatro.

De um modo geral, pode-se afirmar que no passado cada época se limitava à sua própria dramaturgia. Assim, o teatro elisabetano montava exclusivamente textos elisabetanos. Tudo era expresso em um estilo único, que não se confundia com o de outras épocas. E mais tarde, quando, aos poucos, se passou a montar textos de períodos anteriores, essas montagens não apresentavam preocupação maior com o sentido da fidelidade histórica: o texto antigo era abordado sem escrúpulos, segundo os padrões da época em que era montado. Um autor chegou mesmo a dizer que se poderia escrever uma história do teatro moderno estudando a evolução dos figurinos de Ofélia através dos últimos séculos.

A consciência teatral do nosso tempo é universal, no sentido de que montamos todo o passado da dramaturgia e de que a consciência histórica acompanha a montagem de cada texto. Procura-se apresentar Shakespeare em moldes elisabetanos, Sófocles como se vivêssemos na Grécia antiga, pesquisa-se a Idade Média para reproduzir com a máxima verossimilhança os autos medievais. Já nesse sentido histórico, podemos afirmar que a nossa época não tem um estilo, mas estilos, porque está freqüentemente preocupada com a obediência à autenticidade histórica. Essa mentalidade, que hoje é patrimônio inclusive do público freqüentador do teatro, era estranha aos outros períodos da cultura ocidental. Voltaire, por exemplo, ainda dizia: "Eu não sinto grande prazer na leitura de Plauto e Aristófanes". E explicava: "Eu não sou grego, nem romano..." [5]. O mesmo Voltaire não pôde deixar de reconhecer o talento desse "gênio bárbaro" que é Shakespeare; mas apressa-se a acrescentar que foi precisamente o "mérito deste autor que pôs a perder o teatro inglês" [6]. Percebe-se que Voltaire só consegue aceitar um teatro que afine com o seu próprio gosto, isto é, com o gosto do classicismo francês, ao qual

(5) in *Lettres Philosophiques*. Classiques Garnier, 1951. Pág. 115.
(6) Idem, pág. 105.

ainda permanece preso. Na Alemanha, para citar mais um exemplo, Gottsched, Lessin, Goethe, Schiller, discutem longamente sobre as vantagens e as desvantagens de montar Shakespeare ou os franceses. No século XX, esse tipo de polêmica perdeu qualquer sentido: tudo é posto sobre o palco. A rigor, não há mais critérios; ou melhor: o único critério realmente decisivo é, amiúde, a viabilidade prática do texto. O teatro do século XX não se limita sequer às fronteiras do mundo ocidental: vai buscar peças onde elas puderem ser arrancadas, numa ânsia de novidade que se afirma soberana. Pode-se até dizer que, em comparação ao exclusivismo dos séculos passados, se verifica hoje uma espécie de inescrupulosidade. Tudo se passa como se o nosso tempo histórico fosse a condensação mesma da cultura, de toda a história.

Compreende-se que tal consciência histórica viesse alcançar uma repercussão profunda no teatro contemporâneo. O problema é complexo, e queremos chamar a atenção para algumas de suas facetas.

A primeira e talvez mais significativa resultante da historicização da consciência foi o surto do diretor de cena. Sem dúvida, a função do diretor sempre existiu. Mas só em nossos dias encontramos o diretor como um profissional, com atribuições específicas e autônomas: ele assume a importantíssima tarefa de ser o princípio de unidade do espetáculo. Evidentemente, o surto do diretor, na acepção moderna da palavra, deve ser explicado por uma série de causas, a começar pela desorganização e pela decadência que invadiram o teatro no decorrer do século passado. Mas a causa fundamental do aparecimento do diretor deve ser vista na consciência histórica. Não é por acaso que o primeiro grande antepassado do diretor, tal como o entendemos hoje, é o Duque de Saxe-Meiningen. Ele buscava realizar os seus espetáculos a partir de princípios que lhes emprestassem organicidade; mas esse pensar o espetáculo, ou o "realismo" perseguido pelo duque, era motivado precisamente pelo sentido da fidelidade histórica. Na mesma época em que a história adquire foros de ciência, o duque fazia anteceder à montagem de cada espetáculo uma rigorosa pesquisa sobre o período, os costumes e o ambiente em que se desenrola a ação dramática do texto escolhido. Entre outros fatores, foi esse sentido de pesquisa que tanto estimulou Stanislavski, Antoine e outros diretores da época (embora Antoine realizasse o seu trabalho, até a fase do Odéon, tão-só em uma perspectiva social e não histórica).

Acrescente-se ainda que, além de suscitar a presença do diretor, a consciência histórica tornou muito mais complexo o trabalho do teatro em sua totalidade. O ator, por exemplo, não pode mais ter apenas um estilo ou prender a sua arte a convenções fixas, como acontecia no classicismo francês ou no teatro elisabetano. O ator — ou ao menos o ator ideal — tende a possuir um domínio universal de todas as técnicas, de tal maneira que ele possa, ao menos em princípio, trabalhar qualquer tipo de texto. Isso exige do ator um longo período de formação, que justifica por si só a existência, em nossos dias, das escolas de arte dramática.

Um segundo aspecto da questão: a consciência histórica traz consigo o perigo da esclerose. Uma das conseqüências mais curiosas e mais problemáticas da consciência histórica é o museu — "cette maison de l'incohérence", segundo Valéry. Nas artes plásticas, não são apenas os artistas antigos que se tornam "eternos" após terem sido catalogados em museus; neles, mesmo os artistas de hoje, ainda vivos, são admitidos. O ser aceito por um museu funciona como garantia de consagração e imortalidade. Claro que isso implica problemas seríssimos, já porque a obra artística é arrancada de seu ambiente vital; presa em um museu, confina-se a arte a suscitar uma contemplação puramente estética e artificial; o museu empresta à arte uma função abstrata.

Essa situação pode ser constatada também no teatro. Hoje há organizações que chegam a ser especializadas nesse tipo de teatro-museu — um trabalho que não pode, aliás, ser considerado como desprovido de méritos. É freqüente encontrar companhias profissionais e mesmo grupos amadores que montam espetáculos com a preocupação exclusiva pela fidelidade histórica, como se disso dependesse a validez de seu trabalho. Acontece então que a perspectiva que obedece à montagem de tais espetáculos é, digamos, estético-histórica. Passa-se a exigir do público que ele seja formado de historiadores ou de especialistas "eruditos" (perguntam com indignação: por que os atores de tal espetáculo de Molière não usam perucas?). Nesse momento o teatro entra em crise, pois tende a perder a sua função, ou assume um papel abstrato, pedante, artificial.

A fim de evitar o perigo da desvitalização ou de desatualização do teatro buscam-se hoje diversos antídotos. O primeiro consiste em reescrever a totalidade do texto, elaborando assim uma peça nova, de modo a adaptar o antigo à mentalidade contemporânea. É o que vem fazendo um Sartre com diversos textos do repertório tradicional; ou ainda, como em sua peça *As Moscas,* retomando a problemática do mito grego dentro de dimensões atuais. Adaptações desse tipo são freqüentes hoje e ocupam um lugar importante na dramaturgia; basta lembrar nomes como Anouilh, Hauptmann, Giraudoux, Gide, O'Neill, Hofmannsthal. No mais, o processo de adaptar ao próprio tempo o tema antigo não apresenta novidade maior, a não ser, talvez, pela quantidade: a Efigênia de Racine traz o tema grego à mentalidade do classicismo francês, e Goethe tentou converter a mesma Efigênia aos ideais do classicismo alemão.

Uma segunda maneira de resolver o problema reside no espetáculo. Neste caso, o diretor assume um papel extremamente importante: ele se empenha em expressar uma problemática moderna a partir de um texto antigo. Poderíamos dizer que o espetáculo, através do diretor, pensa e assume uma posição em relação ao texto. É verdade que toda direção, sempre e necessariamente, interpreta o texto, mas no presente caso trata-se de fazer derivar do diretor e não do autor a intenção geral do espetáculo. Claro que tal preeminência do diretor pode suscitar, como de fato vem acontencendo (e, significativamente, acontecia muito mais no século passado e nos primeiros decênios do atual), certas polêmicas. Não obstante excessos condenáveis, deve-se, no entanto, respeitar as tentativas de atualização do repertório antigo e reconhecer que o teatro nem sempre é compatível com purismos literários. De qualquer forma, não é a *Comédie Française,* com toda sua "excelência" e suas inegáveis qualidades que pode renovar o teatro francês, e sim o espírito de liberdade, de compromisso e de criatividade de um Planchon.

Finalmente, uma solução intermediária ao problema pode ser encontrada na fusão das duas primeiras soluções. Foi assim que Brecht montou textos como *Eduardo II,* de Marlowe, e *Antígona,* de Sófocles, tornando-se atuais através da readaptação do texto e das técnicas próprias utilizadas em seus espetáculos.

Todas estas tentativas de revitalizar o teatro antigo não devem excluir, entretanto, ao menos em princípio, a montagem calcada na exigência de integral fidelidade histórica; tudo depende do texto escolhido. Mas o que importa não é a obediência ao princípio da autenticidade histórica; por si só, tal autenticidade nunca é um critério suficiente. O mito do texto é muitas vezes o principal responsável pelo anacronismo de certos setores do teatro contemporâneo. O que nunca deve ser perdido de vista é a necessidade de dar ao teatro uma função viva, atual, que consiga realmente atingir o espectador de hoje, que diga algo ao homem sobre a sua situação no mundo. A má fé do teatro consiste em montar um texto de Corneille como se o público de nossos dias continuasse sendo o mesmo do tempo de Corneille ou como se o teatro devesse resguardar a paz da consciência de Corneille. Por isso, o principal perigo da consciência histórica — perigo que mal consegue disfarçar os valores positivos dessa consciência — é fazer incidir o teatro num esteticismo passivo, como se o resto devesse vir, espontaneamente, por acréscimo.

Gostaríamos de chamar a atenção para um outro aspecto, profundamente positivo, da historicização da consciência. Referimo-nos acima ao papel importante que exerce o passado teatral no processo de renovação do nosso teatro: não se trata tão-só de assimilar passivamente as lições do passado, mas de recriar, de fazer um teatro novo. E a consciência histórica nos dá mais uma outra grande lição.

As conseqüências daquele realismo decadente, ao qual anteriormente fizemos menção, continuam presentes no teatro de nossos dias. T. Williams é o exemplo típico de uma dramaturgia que teima em fixar-se em problemas excessivamente particulares e subjetivos. É um teatro que prolonga uma agonia sempre mais comprometida com a morbidez e a ausência de perspectivas novas. Um antídoto a esse tipo de dramaturgia pode ser encontrado em textos clássicos, na medida em que eles realizam o que se poderia denominar de tendência ao épico; são ainda os clássicos que nos permitem despertar para o sentido da grande ação dramática, tão ausente das preocupações dos dramaturgos contemporâneos. Porque com a ascensão da burguesia o drama tendeu a perder, gradativamente, qualquer contato com a dimensão épica. O tema merece uma breve análise.

Com indébita inspiração em Aristóteles, procedeu-se a uma rigorosa distinção entre os diversos gêneros literários. E é desnecessário dizer que Aristóteles não se caracteriza por tal mentalidade classificatória. Evidentemente, ele estabelece distinções entre o poema épico e a tragédia: diz que a tragédia emprega a música e se expressa no espetáculo, o que não poderia acontecer com o poema épico; acrescenta ainda que o poema épico é mais longo que a tragédia e tem outra métrica. Mas a idéia de que a tragédia e o épico sejam entidades autônomas é estranha a Aristóteles. No capítulo 24 de sua *Poética* chega a dizer que "o poema épico deve ter as mesmas formas (ou variações: *eidê*) que a tragédia" e, incisivamente, acrescenta mais adiante: "as partes constituintes devem ser as mesmas, com exceção da música e do espetáculo". No capítulo 8, quando discute a unidade da tragédia, os exemplos que dá são tirados de Homero e não dos dramaturgos gregos. Assim, entre o épico e a tragédia há, segundo o filósofo grego, um comércio maior do que possa parecer à primeira vista.

Hegel, por sua vez, compreende o drama como a síntese da poesia épica e da poesia lírica, isto é, como a síntese entre o objetivo e o subjetivo. Da poesia lírica, o drama conserva o sentido da subjetividade, do confessional; e do poema épico guarda a exigência da ação objetiva, ou da objetivação através da ação. E o importante é que para Hegel a exigência da objetivação em sentido épico é decisiva para o drama: de fato, afirma ele que a realização voluntária da interioridade "se exterioriza, se objetiva no sentido da realidade épica" [7].

Mas é exatamente esse compromisso do drama com a dimensão épica, salientado por Aristóteles e Hegel, que se atrofia em nossos dias com muita facilidade. O drama, tal como é compreendido pelo otimismo de Hegel, é o apanágio dos povos altamente desenvolvidos. Mas o que hoje se verifica com irritante constância é a concentração do drama em uma ação puramente subjetiva ou intersubjetiva. Se quisermos empregar a terminologia hegeliana, devemos dizer que a ação não se objetiva no sentido da realidade épica, mas no sentido da realidade subjetiva, ou do lírico. Esta redução do drama a problemas de ordem puramente subjetiva torna pequeno o teatro, e o faz incidir em uma dramaturgia que a rigor não apresenta nenhuma saída. Os textos clássicos nos podem ensinar um sentido mais largo da ação humana, de uma ação mais objetiva, mais empenhada no mundo. Digamos que neles o mundo da ação se identifica com a ação do mundo; e é precisamente nessa coincidência que radica a tendência ao épico.

Mas deixemos a consciência histórica e passemos a um terceiro problema.

Devemos considerar agora a situação dos fundamentos estéticos do teatro; trata-se de um problema que deixa ver toda a profundidade da crise que atravessa o teatro contemporâneo.

A fim de evitar uma complexidade maior, podemos restringir-nos a algumas breves considerações sobre os tempos modernos. A partir da Renascença, a produção dramática "oficial", de um modo explícito ou não, é feita em torno da discussão daquilo que se considera os preceitos ou as regras de Aristóteles. Dissemos "daquilo que se considera" aristotélico, porque quase sempre — senão sempre — Aristóteles é mal-interpretado. De qualquer forma, a dramaturgia se

(7) in *Esthétique*, trad. S. Jankélévitch. Ed. Aubier, Paris, 1946. Tomo III (2ª parte), pág. 215.

constitui à sombra da influência aristotélica, permanecendo, fundamentalmente ao menos, presa a certas normas que são compreendidas como pertencentes à própria natureza do drama. Mesmo quando se verificam discordâncias ou inconformidades em relação a Aristóteles, o critério que permite julgá-las continua sendo a sua *Poética*, muitas vezes através da interpretação de seus comentaristas. Assim, os franceses pretendem seguir fielmente as normas do Estagirita, codificadas na *Arte Poética* de Boileau ou na obra de outros estetas. Já Lessing discorda da fidelidade arvorada pelos franceses, a ponto mesmo de afirmar que Shakespeare está mais próximo que eles do ideal antigo e da finalidade que Aristóteles prescreve para a tragédia. De qualquer maneira, deparamos com um teatro que, embora discorde neste ou naquele ponto daquilo que se julga aristotélico, permanece basicamente preso à *Poética* do filósofo grego. Seguem-se fielmente idéias como a da unidade da ação, da coerência dos caracteres, o princípio da imitação e a idéia de que a ação dramática deve ter início, meio e fim; a importância da intriga e também da peripécia e do reconhecimento; a compreensão do herói trágico; o problema da catarse provoca polêmicas violentas; e mesmo a idéia de que a comédia, ao contrário do que acontece com a tragédia, representa "homens inferiores" é acatada com respeito.

Acontece, porém, que estas exigências todas aos poucos entram em crise. Resguardadas as exceções, o primeiro grande sinal de seu desfalecimento é o teatro romântico. Compreende-se: o romantismo não é apenas uma reação contra o classicismo ou contra a cultura que o antecedeu imediatamente. O romantismo é a crise da própria cultura ocidental — é o primeiro momento de um processo ao qual continuamos ainda hoje presos. O caráter avassalador dessa crise radica no fato de que a totalidade dos valores sobre os quais se apóia o mundo ocidental passam a ser problematizados; são valores que perdem a sua vigência, despidos que são de sua dimensão de fundamento último e estável. E o que afeta a todos os aspectos da cultura não poderia deixar de atingir também o teatro. Daí o caráter caótico, confuso, do teatro contemporâneo: também ele sofre essa avalanche de problematização radical, que incide sobre os seus próprios alicerces — razão pela qual se pode afirmar que hoje já não se encontra uma forma única para o teatro, mas topa-se com o informe que busca formas.

A situação de Aristóteles permite compreender melhor o caótico e a crise. Sem dúvida, há muitos autores que continuam, total ou parcialmente, obedientes a uma linha aristotélica. Mas hoje chegou-se a compreender claramente que a estrutura preconizada para o drama por Aristóteles não passa de uma estrutura entre outras possíveis — e o que se pesquisa são estas outras estruturas. Não foi, de resto, difícil encontrá-las: a descoberta do passado — mais uma vez a consciência histórica — oferece ricos exemplos de uma dramaturgia não-aristotélica. O teatro oriental, os mistérios medievais —, que ignoravam simplesmente Aristóteles e a "tirania" de suas normas —, o auto-sacramental de Calderon, Shakespeare e o teatro elisabetano, e, no romantismo, um Buechner, um Grabbe — passaram a funcionar como modelos. De fato, tais influências serão poderosas em autores como Claudel, Lorca, Schehadé, T. Wilder e tantos outros.

É impossível, contudo, tocar no problema de uma dramaturgia não-aristotélica sem mencionar o nome de Bertold Brecht. Nesse ponto, Brecht é de uma importância fundamental; e não só como dramaturgo, mas também como homem prático nas lides teatrais e pelo seu feliz hábito de complementar a edição de suas peças com ensaios teóricos nos quais ventila os mais diversos problemas do teatro. Brecht tenta uma reforma total da arte cênica. Seria ingênuo dizer que o teatro do futuro será brechtiano — Brecht é demasiadamente Brecht —, mas suas idéias apresentam virtualidades cujas conseqüências permanecem imprevisíveis.

O antiaristotelismo de Brecht pode ser exemplificado através de diversos pontos, embora não se deva esquecer que é sempre o resultado prático — o espetáculo brechtiano — que permite aquilatar a extensão e o valor de sua reforma. Antes de mais nada, o radicalismo de Brecht recusa a idéia do teatro como arte, não obstante certas ambigüidades que acompanham a sua evolução e a despeito das vacilantes tentativas de reconciliação com o estético no fim de sua vida. A idéia aristotélica de que o drama deva ser um todo fechado, harmônico, perfeito, dotado de princípio, meio e fim, como composição uniforme, linear, necessária, é recusada por Brecht; ele quer montagem, ausência, de harmonia estética, independência das cenas; recusa por isso a coerência da intriga. Recusa também as famosas unidades de ação, espaço e tempo. Ação, espaço e tempo devem ser fragmentados, e passam a ser tratados por Brecht de diversas maneiras, evitando o mais possível o princípio de unidade. Aristóteles pede ainda unidade dos caracteres, coisa que Brecht também não pode aceitar, e por uma razão suficientemente radical: não existe personalidade; o homem é compreendido tão-só como o "conjunto de todas as relações sociais".

Mas o que Brecht mais ataca em toda a tradição aristotélica é a função da catarse. Se o espectador deve ser purgado de certos sentimentos, ele é "engolido" pelo espetáculo, no sentido de que a sua atividade é gasta, usada. O importante, contudo, não é aliviar o homem ou melhorar a sua alma, mas despertar a atividade do espectador enquanto ser social. A catarse torna pacífico o homem em relação ao mundo; o espectador passa a sentir-se em casa no mundo, como se este fosse eterno. Mas segundo Brecht, nesta etapa final do capitalismo, o teatro deve mostrar que o mundo, longe de ser eterno, é regido por valores que devem e podem ser modificados. Esse processo de despertar o espectador para uma tarefa que ele deve assumir é a mola impulsionadora que permite compreender as intenções últimas do teatro de Brecht. É em relação a essas intenções últimas surge a função do famoso efeito épico (que nada tem a ver, diga-se de passagem, com o épico no sentido tradicional, pois mesmo as possíveis coincidências inserem-se em planos diversos e obedecem a sentidos diversos). O efeito épico ou de distanciamento consiste no emprego de certos recursos cênicos, através dos quais o espectador possa vencer sua passividade e assumir uma atitude crítica diante do espetáculo e, *a posteriori,* diante do mundo.

Alguém poderia contestar: sim, mas esse antiaristotelismo permanece uma exceção, porque Brecht é um caso único e os seus escassos seguidores são epígonos sem importância maior. E realmente, Brecht não pode ser considerado fundador de uma escola; sua influência é considerável, mas dispersa. A questão, porém, não é tão simples. Se Brecht conseguiu levar, quantitativa e qualitativamente, os recursos próprios para atingir o efeito épico ao seu extremo, transformando-os em sistema, esses recursos não são exclusividade sua, nem foram por ele inventados. Bem pelo contrário, são recursos que se apresentam com uma certa constância em muitos autores contemporâneos, para não falarmos de certos aspectos do teatro tradicional, e sobretudo, do Oriente [8].

Além disso, existe hoje um antiaristotelismo ainda mais radical que o de Brecht, embora não venha acompanhado dos numerosos escritos teóricos que caracterizam o fundador do *Berliner Ensemble*. De fato, os autores de vanguarda, cujos mais aplaudidos representantes são hoje Beckett e Ionesco, constituem uma significativa corrente do teatro contemporâneo, iniciada já em fins do século passado. Em suas obras, o antiaristotelismo é freqüentemente mais radical que em Brecht: já não se trata de desobedecer a alguns ou mesmo a todos os preceitos de Aristóteles. O fundamental no teatro de vanguarda não consiste tão-só em recusar, por estas ou aquelas razões, preceitos tradicionais; o que o inspira é a convicção da impossibilidade de segui-los porque o seu pressuposto último perdeu vigência, o que não acontece no caso de Brecht. O pressuposto último ao qual nos referimos é o próprio sentido da realidade. A estrutura que Aristóteles encontra na tragédia fundamenta-se, em última análise, no fato, jamais posto em dúvida, de que o cosmo tem uma estrutura e um sentido basicamente positivos. No caso de Brecht, é apenas o mundo atual, com sua estrutura social caduca, que se tornou absurdo, e o seu teatro pretende lançar mão de recursos que permitam a instauração de um novo humanismo. Já o niilismo dos autores de vanguarda não permite qualquer crença ou a idéia de atingir um novo sentido. Eles se confinam a uma posição de passividade ou no máximo de revolta diante

---

(8) Sobre esta tradição épica, consulte-se o livro de Marianne Kesting. *Das Epische Theater*. ed. Kohlhammer, Stuttgart, 1959.

do niilismo ocidental, que parece então ser uma espécie de ponto conclusivo. Evidentemente, Brecht tem ao menos o mérito de recusar tal passividade e de lutar por uma nova ordem de coisas. Isso não impede, porém, que a experiência antiaristotélica seja nos autores de vanguarda mais profunda que em Brecht, embora menos justificada.

Podemos assim dizer que, do ponto de vista estético, o teatro contemporâneo atravessa uma crise de fundamentos. Por um lado, continua preso à tradição teatral, mas por outro busca, de um modo freqüentemente caótico, aventurar novos horizontes. A tão comentada crise resolve-se, portanto, em variedade de diretivas, em uma vitalidade transbordante que deixa ver no teatro atual um amplo laboratório de experiências.

Para concluir, queremos abordar um quarto problema que não pode ser esquecido se se quiser compreender a situação do teatro contemporâneo: trata-se da relação entre palco e público.

A transcendência do problema releva do fato de que ele esconde o próprio sentido da atividade teatral, de sua razão de ser. Aqui também se fala em crise, embora certos estatísticos protestem, não sem ingenuidade, afirmando que o teatro nunca teve tanto público como atualmente; não está nesse ponto, entretanto, o problema fundamental. Também se fala muito da crise como resultante da concorrência que fazem o cinema e a televisão ao teatro: mas isso tudo não tem muito sentido e toca apenas de leve o aspecto que realmente deve ser examinado. O problema é muito mais o da própria função do teatro como arte, e das condições de sua realização.

A questão vem sendo focada nos mais diversos planos. Eliot, por exemplo, coloca reiteradamente, através de uma série de ensaios, o problema da possibilidade do drama em versos — questão que é mais importante do que possa parecer à primeira vista. Outros perguntam pela função educativa do teatro; alguns preferem elucidar a possibilidade do drama religioso; muitos debatem o problema da dimensão social da arte, e querem saber se o teatro deve ou não estar subordinado à consciência política e de que maneira; e ainda outros perguntam, como que descobrindo o ovo de Colombo: o teatro não é antes de mais nada diversão? O próprio Brecht vacilou muito, ao longo de sua carreira, entre esses dois pólos, o teatro com dimensão pedagógica e o teatro como diversão. Parece-nos que o importante, para começar a compreender o problema, é não esquecer que essas perguntas e polêmicas são especificamente nossas, de nosso tempo. São interrogações que não poderiam apresentar nenhum sentido maior para um Shakespeare, por exemplo, porque naquele tempo o teatro, isento de tais preplexidades, preenchia aquelas funções todas ou as selecionava de um modo espontâneo. O teatro grego, o medieval, ou o teatro do Século de Ouro espanhol, eram visões totais do mundo e da situação humana — e concomitantemente divertimento. O que ontem era espontâneo ou objeto de discussões menores (e essas discussões crescem em importância à medida que "progridem" os tempos modernos), passou hoje a ser objeto de problematizações não raro desconcertantes, e as diversas funções possíveis do teatro, divorciadas umas das outras, brigam entre si. No mais, o problema não afeta apenas o teatro, e talvez possa ser colocado de um modo até mais contundente em relação à pintura e à música contemporâneas.

Claro que um determinado dramaturgo, sempre se poderá decidir por tal função para o teatro, e um outro dramaturgo por outra função; a necessidade de tomar decisões desse tipo acompanha a evolução de cada dramaturgo, o problema se recoloca diante de cada nova peça, para generalizar-se em seguida e atingir atores, diretores e o próprio público. Talvez se possa tomar o problema às avessas e dizer que o que determina a necessidade de tais decisões é a apatia da grande maioria do público, acostumado a pedir ao teatro o mínimo indispensável para esquecer-se das preocupações, da alienação, da solidão etc., etc., do homem moderno. Já essa apatia implica o imperativo de encontrar os meios de vencê-la e de fazer compreender o alcance de uma decisão sobre a natureza e a função do teatro. A decisão é obviamente séria e exige muita lucidez e responsabilidade. Mas exatamente aqui radica a gravidade do problema: se o teatro exige tal tipo de decisões, e isso precisamente em relação ao problema de sua própria razão de ser, é porque essa razão de ser está em crise. Convém deixar a afirmação clara: não se trata de asseverar que o teatro já não tenha razão de ser, mas que sua razão de ser está em crise. E o que vale para o teatro vale também para todos os aspectos da cultura de nosso tempo; não se trata, é evidente, de um problema particular, mas de um problema geral; e esse geral, do qual o teatro é um aspecto, é a própria situação de nossa cultura.

O que está em jogo é nada mais nada menos que a unidade do fenômeno teatral: é sempre em relação à sua profundidade que a função do teatro pode ter um sentido natural e espontâneo (e cabe perguntar até que ponto o emprego desses adjetivos se justifica em nossos dias). De fato, todas as partes que integram o teatro devem ser concebidas como constituindo um todo perfeitamente unitário; desde o texto até o público, nenhum dos elementos vale por si mesmo, eles só adquirem sentido dentro de sua relação de reciprocidade. Por isso mesmo, o lugar físico do teatro — a arena ou a casa de espetáculos — é onde se consuma o fenômeno teatral, a unidade do teatro. Isto vale para os gregos, para os medievais, vale para um Shakespeare.

A partir da Renascença inicia-se o lento processo de dissolução do sentido profundo da unidade do fenômeno teatral — dissolução que desemboca no niilismo de nossos dias. Podemos compreender o niilismo à maneira de Nietzsche, como inversão da ordem dos valores e a conseqüente decomposição do sentido de sua hierarquia. Neste caso, o niilismo traria como resultante a progressiva dissociação das partes que formam o todo da cultura: cada parte tenta como que viver a sua própria autonomia, e então o todo já não se sustenta. Isto é válido, por exemplo, para a chamada arte pura (que teoricamente pode ser considerada um círculo quadrado, mas que indubitavelmente está fazendo história), como vale também para o individualismo moderno. O problema é complexo e mereceria uma análise mais ampla: restrinjamo-nos a algumas indicações relativas à situação do teatro.

Já Aristóteles defende a independência do texto em relação ao espetáculo: o efeito da tragédia não depende de sua representação por atores. Fiquemos, porém, nos tempos modernos, a partir do momento em que se introduz — de um modo inequívoco com o classicismo francês —, a supremacia do texto sobre o espetáculo, a tal ponto que os críticos passam a considerar, quase sempre, apenas o aspecto literário do espetáculo. Já em 1773, Mercier chega ao extremo de afirmar que "Corneille et Racine (...) sont (...) cent fois plus beaux dans le Cabinet que sur la scène" [9]. Mesmo suprimindo-se os atores, o teatro subsistiria em toda a sua beleza. E logo depois, Augusto Comte vai bater-se pela supressão do que ele chama "l'institution du théâtre": por que esta instituição se o homem pode satisfazer-se "isoladamente", através da leitura? [10] A supremacia do texto facilmente resulta em preconceitos e em desconhecimento da natureza do teatro.

Se este era o clima da época, causa surpresa a leitura do violento protesto contra a dissociação de texto e espetáculo feito por Hegel na sua Estética. Diz o grande filósofo que o texto é indissociável do espetáculo, desde que se queira compreender em sua inteireza essa forma da literatura. Chega mesmo a afirmar que os textos não deveriam ser publicados em livro, deveriam circular tão-só em manuscrito, a fim de que o público só pudesse conhecê-los através do lugar que lhes cabe por natureza, o palco. A despeito do exagero dessa convicção de Hegel, não se pode negar que ela brota de uma atitude fundamentalmente sadia.

O fato é que a voz do filósofo alemão não conseguiu mudar o curso da história, e o processo de disso-

---

(9) Cit. por André Veinstein, in *La Mise-en-scène théatrale et sa condition esthétique*. Paris, 1955. Pág. 179.

(10) O texto de Comte é de uma "graça" que merece a transcrição: "Le positivisme doit irrévocablement éteindre l'institution du théâtre, autant irrationnel qu'immorale, en réorganisant l'éducation universelle, et fondant, par la sociolâtrie un système de faits propres à faire dédaigner les vaines satisfactions. Depuis que la lecture est assez répandue pour qu'on puisse partout gouter isolément les chefs d'oeuvre dramatiques, la protection accordée au jeu scénique ne profite qu'aux médiocrités et ce secours factice n'empêche pas d'apprécier la désuétude spontanée". (Citado por André Veinstein, na obra anteriormente referida, pág. 21.)

33

ciação se acentua à medida que se avança nos tempos modernos. Podemos perceber toda a importância do problema atentando para a separação progressiva, sempre mais intensa, que se verifica entre palco e público. Sem dúvida, sempre houve uma certa separação entre ator e espectador — sempre houve aquela separação que há entre aquele que faz e aquele que observa o que está sendo feito. Mas havia no teatro antigo e medieval uma integração participante e envolvente, que mais tarde se veio a perder. No século XVII — para ficarmos nos dados exteriores do problema — o público ainda assistia à ação cênica acomodado inclusive sobre o palco, passando aos poucos a ser afastado do lugar da ação dramática; estabelece-se então o tipo de arquitetura de casa de espetáculos tal como o encontramos em nossos dias (embora hoje, muito significativamente, já existam diversas tentativas de superação da estrutura arquitetônica tradicional). Em relação ao processo de atividade cênica dos atores, a conseqüência última e coerente deste alijamento do público é a famosa "quarta parede" de Antoine. Na filosofia, o itinerário correspondente à separação entre público e palco pode ser visto no progressivo distanciamento que se verifica, a partir de Descartes, entre o sujeito que conhece e a coisa conhecida. Assistimos a um processo de alheamento que invade o todo da cultura, e que não poderia deixar de repercutir no teatro. O que entra em jogo não é apenas um problema exterior ou secundário, mas o próprio sentido da função do teatro.

Brecht compreendeu esses problemas de nossa realidade teatral como poucos. O seu teatro didático — referimo-nos às pequenas peças que ele começou a escrever em 1929 — pode ser interpretado como uma tentativa para superar essa situação. Mas é uma tentativa que se inscreve dentro dos pressupostos do nosso problema, porque Brecht resolve a dicotomia palco--público abolindo um de seus termos — o público; todos deveriam participar, o mais diretamente possível e por rodízio, do espetáculo. Infelizmente o próprio Brecht abandonou as suas experiências dos anos 1929--1931, porque compreendeu a sua inexeqüibilidade e a limitação de suas possibilidades práticas. Sob esse ponto de vista, o teatro didático de Brecht é a conclusão de um itinerário histórico, que soube inscrever-se, de um modo conseqüente, nas aporias do teatro contemporâneo.

Cremos que a questão deve ser colocada, como ponto de partida (e repetimos que se trata aqui tão-só de um ponto de partida para a compreensão dos pressupostos do problema), nos seguintes termos: o problema da função que possa ter o teatro permanecerá um problema enquanto não for encontrada viabilidade para restaurar a unidade do fenômeno teatral. E a restauração da unidade não pode ser compreendida como mera decorrência da decisão deste ou daquele dramaturgo, da reta intenção de tal grupo teatral ou das justas medidas que um governo possa vir a adotar. Isto equivale a dizer que esta problemática toda só poderá ser resolvida na medida em que for superado o niilismo ocidental. Não se trata, entretanto, de fazer concessões a qualquer tipo de nostalgia daquela esplêndida unidade da vida teatral dos antigos. O problema da função do teatro permanece um problema porque ele afeta a essência mesmo do teatro. Enquanto o niilismo permanecer o destino de nossa cultura, tudo o que resta é defender uma determinada função para o teatro, aquela que melhor possa atender à situação do homem contemporâneo, e lutar pela vigência da função escolhida. Mas o fundamental é compreender que a própria necessidade **de** assumir uma função decorre do niilismo, desse niilismo que, queiramo-lo ou não, define a sensibilidade básica da cultura de nosso tempo. Não há, em verdade, nenhuma instituição, igreja, partido ou classe social, que possa ser considerada isenta de niilismo: ou bem o niilismo é de todos e de tudo, ou então ele não tem sentido. O problema da função do teatro não pode ser resolvido apenas em termos de teatro, ele depende de soluções mais profundas, que afetam a toda estrutura sócio-cultural do mundo em que vivemos.

Lamentável seria crer que tal situação possa autorizar alguma forma de pessimismo. Porque tudo depende do uso que o homem souber fazer de sua própria liberdade. E no mais, o panorama do teatro no século

XX é tão vasto, tão variado, tão rico em experiências e, em certo sentido, tão isento de preconceitos, que todos os caminhos se encontram abertos. Como sempre, tudo depende do homem, e do ambíguo mas esperançoso consolo "que ce n'est plus ou pas encore l'heure extraordinaire".

(1964)

COMPREENSÃO DO TEATRO DE VANGUARDA

> "*Il s'agit de montrer et démontrer ce que peut un Moi. Que va faire ce Moi de Descartes?*
> *Comme il ne sent point ses limites, il va vouloir tout faire, ou tout refaire.*
> *Mais d'abord, table rase.*"
>
> Paul Valéry

Diante de certos aspectos insólitos do mundo contemporâneo, tais como a pintura abstrata, a música atonal ou o teatro de vanguarda, o comportamento mais irracional e ingênuo que se possa imaginar é o que tenta explicar esses aspectos como o arbitrário, o gratuito, ou o sem-sentido que desmerece toda consideração, como absurda brincadeira de mau gosto, feita simplesmente para escandalizar. Porque "explicando" dessa maneira, evidentemente nada se explica, e o descaso em que se incide não deixa de esconder um modo de pactuar com o monstro.

Costuma-se dizer, então, que se trata de sintomas passageiros, moda destinada a desaparecer como toda e qualquer moda. Mas alargando-se deste modo as costas da moda, passa-se a aceitá-la como um dado pacífico, renuncia-se a perguntar sobre a sua função própria. Esquecem-se as palavras de advertência de Leopardi, em um dos mais belos diálogos das *Operetti Morali,* sobre a morte e a moda, quando o poeta as apresenta, a despeito da aquiescência esquiva da morte, como irmãs, convicto de realizarem ambas uma mesma missão: a de renovar continuamente a face do mundo. "Se devêssemos pôr à prova as nossas forças", diz a moda, "não sei quem de nós venceria a luta..."

De qualquer maneira, há todo um comportamento bem-pensante, que pretende ignorar um largo setor das letras e das artes contemporâneas, quer por não ver nelas valor, quer por não querer ceder ao fantasma encoberto por certo *malaise.* Dessa forma, desconsideram-se expressões da cultura que se impõem, queiramo-lo ou não, precisamente como aquilo que o nosso tempo produziu de mais original e revelador. Tal comportamento de descaso, de aparente superioridade, é, contudo, facilmente compreensível. De fato, ninguém substitui impunemente a metafísica por aquela estranha "ciência" que o irreverente Jarry apelidou de "patafísica", isto é, — restringindo-nos ao conteúdo da terminologia empregada pelo próprio Jarry, — não se vê razão para abandonar as leis do geral e assumir "les lois que régissent les exceptions".

Embora compreensível e mesmo, até certo ponto ao menos, passível de justificação, tal comportamento não deixa de motivar uma série de injustiças e incompreensões, para não falarmos de uma certa renúncia da inteligência. — Ocupemo-nos aqui do caso particular do teatro de vanguarda.

A maioria do grande público, quando assiste a um espetáculo desse gênero, reage com a displicência de pessoas definitivamente instaladas em um ordem desde sempre estabelecida, ora irritando-se, ora fazendo uma pequena concessão, ou ainda assumindo o ar compreensivo de quem assiste à última travessura das crianças. Toda essa reação se processa como se a realidade teatral, aquilo que deve ser o teatro, tivesse sido determinada por uma espécie de imemorial e definitivo *a priori*, que não admite modificações e condena mesmo como absurda qualquer incursão inovadora.

Por outro lado, os entusiastas do teatro de vanguarda comportam-se, demasiado freqüentemente, com tal irresponsabilidade, de maneira tão inócua e gratuita, que passam a fazer jus às invectivas que lhes são feitas. E diante dessa ingênua vontade de "fazer uma barbaridade", o perigo reside em transferir a irresponsabilidade aos próprios autores representados, quando, em verdade, ela deve cair, única e exclusivamente, sobre a cabeça de seus promotores. Felizmente, restam os poucos que, se não chegam a pensar, ao menos pressentem uma atmosfera nova e inquietante, vislumbram a configuração de novos cenários, talvez capaz de derrubar mundos.

No mais, tal pressentimento é confirmado pela constância com que se apresenta o teatro de vanguarda já desde há alguns decênios. Pois mesmo se o considerarmos em um perspectiva estritamente exterior, há fatos que vêm se amontoando e não podem ser elididos. Não estamos diante de uma atividade marginal, espécie de excrescência confinada a dramaturgos improvisados e atores de arrabalde, mas assistimos ao desdobramento de uma escala — e a palavra é imprópria —, que conseguiu dominar uma larga parcela do teatro contemporâneo, arrimada em autores de projeção e artistas de primeiríssima categoria, e isso não apenas nos grandes centros, mas em todo o mundo ocidental. — Pior para o teatro, diria alguém. Explica mas não justifica, acrescentaria um outro ser pensante, pois não se entende como possa o sucesso consagrar o absurdo.

E mencionando o absurdo, o bom senso do espectador inconformado nos aproxima do nosso tema. O absurdo deve aqui ser considerado simplesmente como o próprio de tudo aquilo que foge às convenções sociais estabelecidas, e que por essa razão, não podendo ser aceito, é tachado de absurdo. Ora, a única definição genérica admissível para o teatro de vanguarda talvez seja esta: é um teatro que se caracteriza pelo protesto contra as convenções, pela não-aceitação da máquina do mundo tal como foi construída pelo homem e tal como ela constrói o homem.

Daí o seu caráter agressivamente revoltado, desinibido, dando mesmo a impressão de ser algo novo o último grito da moda — pois velho é Aristóteles e a sua estética dominadora. Mas essa impressão, se compreensível em relação à rebeldia diante da estética teatral que nos foi legada pela tradição, pode comodamente gerar um equívoco que deve ser desfeito. O teatro de vanguarda não é um adolescente teimoso, mas é avô, mais velho que o nosso século, e vem-se renovando com um rigor impressionante desde seu berço, desde a estréia, a 9 de dezembro de 1896, do *Ubu Rei* de Alfred Jarry, em uma noite parisiense que se impôs como um dos grandes escândalos da história do teatro moderno. É um teatro que já se apresenta, portanto, com certa tradição, e inclui nomes como Ghelderode, Audiberti, Ionesco, Schehadé, Beckett, Adamov, certos textos de Garcia Lorca, e outros mais.

Além disso, se se estabelece uma data de inauguração para o teatro de vanguarda, é indispensável acrescentar, imediatamente, que houve precursores. O próprio Jarry viu um antecessor de suas idéias em Christian Dietrich Grabbe, de quem traduziu uma das peças mais saborosas: *Gracejo, sátira, ironia e significação mais profunda*. Kleist e Büchner também têm a sua parcela de responsabilidade. E ainda Ludwig Tieck, inspirador da citada obra de Grabbe e também ele dramaturgo, embora mais fraco e por isso mesmo bastante esquecido. Tieck escreveu uma comédia que leva o significativo título de *O Mundo às Avessas*, "peça histórica em cinco atos", mas que, a rigor, de histórico nada tem, a não ser a simbólica e caótica luta pelo poder, configurada através da rebelião de Scaramuce, que abandona a sua personagem para desobedecer a Apolo, o deus da ordem.

Ora, estes precursores têm ao menos uma característica que lhes é comum: são todos românticos. De fato, o teatro de vanguarda, assim como tantos outros aspectos da cultura contemporânea, encontra no romantismo o seu início, e mesmo no pré-romantismo, no *Sturm und Drang,* nesse movimento de jovens rebeldes, tão *gros d'avenir.* Não que seja impossível encontrar elementos precursores do teatro de vanguarda fora do movimento romântico. Seria fácil estabelecer afinidades com toda a longa e variada tradição do teatro de improvisação, por exemplo. Mas precisamente no romantismo começa a revalorização dessa modalidade de teatro espontâneo. Grabbe, Tieck e tantos outros foram seus ardorosos defensores, contra a rigidez acadêmica do teatro clássico. E o mesmo pode ser dito do teatro de títeres.

Evidentemente, no romantismo ainda não encontramos configurado um teatro de vanguarda; mas encontramos as claras raízes que vão permitir o seu advento, e mesmo, em certa medida, a sua caracterização. Em certa medida apenas, pois as categorias a que obedece o teatro de vanguarda só podem ser fixadas de maneira precaríssima. Comum a todo esse teatro é, como dissemos, o seu anticonvencionalismo. Em outros aspectos, as generalizações são praticamente impossíveis, o que não deve ser atribuído à impossibilidade de juízo devido à falta de suficiente perspectiva histórica. Não existem, por exemplo, coordenadas que permitam dar certa unidade à linguagem do teatro de vanguarda. Se em alguns autores encontramos a busca de uma linguagem poética, outros não vão além de um linguajar banal e mesmo antipoético; um terceiro grupo atomiza destruidoramente a linguagem, e não faltam autores que combinam diversos desses processos. O mesmo pode ser dito do tratamento das personagens, da construção cênica, das relações espácio-temporais, da reversibilidade ou respeito a categorias como o trágico e o cômico, e assim por diante. Se esta é a situação, a única saída parece ser o estudo particularizado de cada autor.

Mas todos estes dramaturgos como que se ligam pela raiz e pagam tributo à sua gênese romântica. Longe de poderem ser considerados como produto de uma geração espontânea, apresentam certas características que permitem estabelecer, senão uma árvore genealógica

completa, ao menos certos traços de inequívoca filiação.
— Examinemos o problema.

Afirmamos acima que o teatro de vanguarda encontra a sua gênese no movimento romântico, e mesmo no pré-romantismo, no *Sturm und Drang*, com sua pleiade de *angry young men*, jovens poetas dispostos a destruir a tirania e a rigidez das convenções. Surge então a idéia do "homem força", do homem que é a sua própria medida, insubmisso a qualquer forma de imposição, e disposto a construir um mundo novo. O elogio do "gênio", tal como o entende Hamann, abrindo as portas que conduzem ao irracional, empresta a esta nova mentalidade a sua primeira fundamentação.

Novas diretivas passam a nortear a atividade artística, com a instauração de uma arte que pretende ser apenas a expressão da vontade, e isto em desprestígio do mundo objetivo, estabelecido. Por um lado, a vontade do artista se pretende construtiva em relação a um *piccolo mondo* próprio, incluindo o social; por outro, em relação à realidade objetiva, introduz-se o que os ingleses apelidam de *dissolving view*, isto é, a realidade começa a ser desfeita, a ser despida de sua substancialidade. Expressando-se a si próprio e buscando substituir as convenções vigentes por novas normas, o artista já não "imita" o real, e inaugura, com esta até então inusitada conduta, uma feroz e progressiva crítica à milenar tirania da estética aristotélica, que, com passos ao que tudo indica seguros, começa a entrar em declínio.

Tal inconformismo e a conseqüente *dissolving view* constituem precisamente os principais pressupostos de todo teatro de vanguarda. Justifiquemos esse ponto de vista.

A raiz filosófica desta modalidade de teatro — e que permite compreender ainda melhor a sua inserção na história — deve ser vista no subjetivismo da metafísica moderna, instaurado por Descartes. De um modo mais específico, porém, e isto sem favor ou arbitrariedade, o pressuposto histórico-filosófico do teatro de vanguarda pode ser encontrado no pensamento de Fichte e naquilo que os literatos fizeram desse pensamento. Para o idealismo de Fichte — que, em um sentido estrito, pode ser considerado o primeiro metafísico da subjetividade —

o mundo e a sua realidade objetiva perdem completamente a sua subsistência, a favor de um Eu dotado de um poder quase infinito. De fato, o Eu é compreendido como produtor da realidade externa, sensível, constrangido pela necessidade de exercer a sua liberdade.

A primeira geração romântica — dos irmãos Schlegel, Tieck, Novalis e outros — entusiasmou-se justamente por essa concepção do Eu, pela desmedida de sua capacidade criadora, pelos conceitos de "imaginação produtora" e de "ação efetiva". Passando do plano filosófico ao poético, a transcendentalidade do Eu perde em relevância, a favor do eu criador do artista, compreendido agora como uma realidade existencialmente autônoma e apta a criar o seu próprio mundo.

Além disso, em Fichte o Eu é compreendido dentro de uma dimensão eminentemente prática. Se o Eu é finito, ele tem consciência do infinito, e tal consciência o autoriza a ir além de seus limites. Pois o que distingue o objeto do sujeito é isto: no objeto o limite é exterior, sem ser sabido, pois, como limite; no sujeito, ao contrário, o limite é interior, é consciência de limite. E ter consciência da própria limitação implica ir além dessa limitação. Mas esse ir além do próprio limite, longe de se esgotar em uma atividade teórica, exige o compromisso prático, ativo, autocriador.

A categoria do agir, do fazer, da *praxis,* adquire assim uma relevância fundamental. Benedetto Croce, insuspeito na matéria, chamou a atenção para as diversas acepções do verbo fazer, mostrando como, na filosofia moderna, se tende a compreender todo o conhecimento humano a partir justamente dessa categoria do fazer. O homem conhece o real de modo análogo ao ato de fabricar um objeto; assim como o homem produz objetos, assim também, obediente a um processo semelhante ao do fazer, ele conhece o objeto. A rigor, pode-se então inferir que o homem não conhece o mundo, mas conhece apenas aquilo que ele mesmo produz, trabalho de suas próprias mãos.

A partir dessa posição, compreende-se não só a acepção do conhecimento próprio da filosofia idealista, mas também a preeminência que veio adquirir a idéia do fazer, da *praxis,* a importância que se passou a dar a ação humana — transformadora do mundo, segundo Marx — e a excelência do trabalho técnico, apto agora a redimir o homem. E assim, o inconformismo inicial dos pré-românticos termina recebendo a sua consagração.

Todos os movimentos de rebelião inconformista, característicos da arte contemporânea, encontram nestas posições, no que tange à sua motivação filosófica, o seu alicerce histórico. Podemos, então, dizer que, no fim desta linha, inaugurada por Descartes e Hamann e que encontra em Fichte a sua primeira expressão filosófica, se situa uma obra como a de Ionesco. Compreende-se, pois, que um Ionesco não possa ser considerado, simplesmente, como uma espécie de aborto da cultura contemporânea, ou qualquer coisa de inconseqüente, mas que só possa ser compreendido como a expressão de todo um processo, de toda uma atmosfera, de um comportamento (seja teórico ou prático) diante do real, que deve ser apontado como sendo a regra absorvente que permite desvendar largas fatias do mundo cultural em que vivemos. O dramaturgo do teatro de vanguarda, arvorando-se em destruidor do mundo, cria, por outro lado, a partir de convenções que são o produto exclusivo de sua própria lavra; as suas personagens movem-se em um mundo completamente estranho à mentalidade normal.

Segundo Nietzsche, o homem que adora a Deus abriga, em seu ato de adoração, a vontade de ser o próprio Deus. Em certo sentido, o teatro de vanguarda realiza essa idéia expressa por Nietzsche, saciando pela imaginação a vontade de poder. Jarry ou Ionesco comportam-se como se fossem pequenos absolutos, dotados de um poder demiúrgico que não conhece limites. E entregando-se a uma espécie de vertigem autista, colocam-se como que na origem de todas as coisas, ou, o que no caso equivale ao mesmo, no fim caótico de toda ordem convencional. Se sua linguagem se torna caótica, esse caos não é apenas o índice de uma civilização já cansada de seus próprios meios, mas é também o regresso a uma forma primitiva de linguagem. Origem e fim coincidem, pois, como o zero do qual tudo emana e para o qual tudo retorna. Situado no ponto zero ou no infinito, o homem pode, enfim, construir o seu mundo original.

Dentro dessa perspectiva, a diferença fundamental que existe entre os dramaturgos de vanguarda contemporâneos e os seus precursores românticos é que, nestes, o mundo existente é destruído com a fé que pretende estabelecer uma nova e salutar ordem; ao passo que naqueles se reflete uma das experiências mais aterradoras do século XX, a do niilismo. Já em Grabbe podemos constatar um certo comprazer-se na inaceitabilidade do mundo. Assim quando, inconsolável, exclama: "Nós não podemos cair do mundo: estamos nele!" Mas a despeito desse inconformismo, o romântico raras vezes atinge um desespero radical, com total dimensão niilista, e em poucos meses o tempo ironiza com o suícidio metafísico de um Novalis, levando-o a entregar-se à nostalgia de novos sonhos. As flores negras que começam a despontar nascem em um solo fertilizado pela fé e pela esperança. Nobres sentimentos, sem dúvida, mas passíveis de corrosão: Wagner talvez possa ser considerado como tendo sido o último grande crente do mundo ocidental. E assim as vanguardas deparam com uma montanha calva, sentindo-se confinadas a um processo negativo (ou predominantemente tal) de destruição das estruturas vigentes.

Claro que em um Jarry — para nos restringirmos aos autores citados — há a necessidade de fazer valer o insólito, o irracional, o paradoxo que é escândalo para a razão. Mas devemos perguntar se esse excepcional consegue resolver-se em um novo reino, e mesmo se consegue suportar a si próprio; se realmente é possível ir além do *Ubu Rei,* isto é, de um imenso estômago, cuja função digestiva é a sua exclusiva medida, mastigando e remastigando a sua própria excrescência. E, chegando a Ionesco, o absurdo parece ser mesmo a palavra final.

O absurdo, considerado como uma das tendências do teatro de vanguarda, pode levar a incidir no erro a que sucumbe toda mentalidade higiênicamente classificatória, dessas que contrapõem, como que necessitadas de autodefesa e num arremedo de desculpa, os bons e "verdadeiros" aos maus e errados. E então teríamos simplesmente o teatro de vanguarda, o absurdo, o niilismo e demais idéias decadentistas, ao lado de outras posições menos funestas e até mesmo sadias. Ora, isso nos parece demasiado simplório. O teatro de vanguarda não pode ser considerado como o produto de uma corrente negra entre outras correntes brancas ou cor-de-rosa, mas como a expressão de um todo cultural, de uma situação histórica, em que cada aspecto reflete a totalidade do conjunto. Vale dizer — para repetirmos um lugar comum — que somos todos responsáveis, e cada aspecto é solidário com o todo. Se aberrações há, elas devem ser enfrentadas como o outro lado de nós mesmos.

(1961)

IONESCO E O TEATRO PURO

O primeiro contato com o teatro de Ionesco, quando não decepciona e afasta, talvez conquiste o espectador por uma impressão que parece impor-se como óbvia: a de uma superficialidade confinada a alguns momentos cômicos que se perdem no arbitrário. Brincadeira absurda, pois, destituída de qualquer compromisso ou responsabilidade. Todavia, uma observação mais atenta termina dando à obra ionesquiana o realce e a importância a que faz jus, permitindo, aos poucos, avaliar toda a extensão da problemática que sabe propor; e propor, como veremos, de maneira radical e suficientemente ampla. Em verdade, o plurifacetado teatro de Ionesco deve ser analisado sob diversos ângulos, de modo a permitir o acesso à diversidade de seus aspectos e, também, a fim de deixar ver a total unidade de concepção que o informa.

Ao assistir a uma peça como *A Cantora Careca*, a inevitável e espontânea pergunta do espectador desprevenido é sempre a mesma: mas isto é teatro? E de fato, o primeiro problema que deve ser colocado é precisamente este, o de saber o que entende Ionesco por teatro. Pois o inusitado de sua dramaturgia já pode ser aquilatado em sua concepção bastante original do teatro, embora tal concepção não seja completamente nova, devendo mesmo ser assimilada à tradição do teatro de vanguarda. Mas em Ionesco ela se resolve com tal consciência, tal pureza e maturidade, que chega a dar a impressão de que a sua obra é a causa final à qual tendia toda essa corrente do teatro, como que a sua inteligência enfim plenamente definida. Encarada nessa perspectiva, a sua concepção do teatro apresenta-se com a classicidade do fruto maduro, assumindo até mesmo um caráter paradigmático. O tema merece consideração.

Qual é, pois, a concepção do teatro defendida por Ionesco?

Em um breve ensaio publicado pelo nosso autor, *Expérience du Théâtre,* na *Nouvelle Revue Française* (fevereiro de 1958, nº 62), peça insubstituível para a compreensão do problema e destituída do tom de irônica galhofa que normalmente acompanha as suas declarações, tenta pôr às claras as suas idéias, e conclui com as seguintes palavras: "Creio que se tinha esquecido um pouco, nestes últimos tempos, o que é o teatro. E eu fui o primeiro a esquecê-lo; penso tê-lo novamente descoberto, para mim, passo a passo, e eu acabo de descrever simplesmente a minha experiência do teatro" [1]. Vejamos, então, o que foi esquecido e qual a redescoberta de Ionesco.

Realmente, Ionesco confessa-se insatisfeito, e não só com o teatro "destes últimos tempos"; sua insatisfação estende-se à quase totalidade da literatura dramática de

(1) Todas as citações foram extraídas do citado ensaio de Ionesco, *Expérience du Théâtre,* in *Nouvelle Revue Française,* fevereiro de 1958, nº 62, págs. 247-270, salvo quando houver indicação em contrário.

todos os tempos. Pois a tomada de consciência daquilo que ele julga que deve ser o teatro leva-o a aceitar apenas alguns autores, o mínimo indispensável: Ésquilo, Sófocles, Shakespeare, Kleist, Buechner. Todos os demais sofrem restrições: Corneille e Schiller lhe são insuportáveis; Molière é acusado de ocupar-se apenas de problemas secundários, e Marivaux de se perder na futilidade; Oscar Wilde é fácil, Cocteau, superficial; Pirandello, além de inútil, é insuficiente: — e nesse tom, o nosso ensaísta continua o seu processo de desmantelamento.

A recusa de Ionesco à quase totalidade da dramaturgia ocidental deve ser compreendida como resultante de sua exigência de maior radicalidade para o teatro. Se Shakespeare parece ser o seu autor preferido, é porque verifica nele a problematização da "totalidade da condição e do destino do homem". E a natureza dessa sua impenitente exigência pode ser compreendida a partir da seguinte afirmação, que se impõe como chave norteadora de todas as suas pretensões: "C'est l'art que semble justifier la possibilité d'un libéralisme métaphysique". Esta última palavra — metafísica —, que soa de modo antipático e derrisório a tantas pessoas (e não sem razão), é de extrema importância, pois ela aparece com bastante freqüência nos ensaios e entrevistas de Ionesco, e sempre acompanhada de certa satisfação, como sendo o ápice iluminador, a razão última, além da qual os caminhos humanos permanecem vedados. Para Ionesco, portanto, o teatro deve apresentar um caráter metafísico.

Quando a palavra metafísica surge em semelhante contexto, a olhos avisados, há quase a certeza de um desvirtuamento de seu sentido próprio. De fato, estamos diante de um termo que carrega o ingrato destino de ser, quase sempre, mal compreendido e, conseqüentemente, de ser usado em um sentido abusivo. Ionesco parece não fugir à regra, e talvez possamos compreender melhor o que ele quer dizer substituindo a palavra "metafísica" pela expressão "trans-historicidade", compreendida da maneira mais óbvia possível, isto é, como designativa daquela realidade que está além da história. Pois Ionesco atenta apenas ao mundo humano — ao qual pertence com exclusividade a categoria do histórico —, isentando dele, contudo, toda e qualquer manifestação de ordem psicológica ou social em seu aspecto especificamente histórico. Refere-se, assim, ao fundo último do humano, às suas verdades eternas. Por isso, recusa um Molière, tão freqüentemente confinado a pequenas histórias, de avarentos e hipócritas, consideradas sempre dentro de uma perspectiva demasiado estreita. "Um teatro psicológico", afirma Ionesco, "é insuficientemente psicológico". E isso vale também para os aspectos sociais e mesmo ideológicos: "um teatro ideológico não é suficientemente filosófico".

Cernindo melhor o tema: todo sentido psicológico, social ou ideológico, só pode apresentar dimensão autênticamente teatral se colocado a serviço de verdades últimas. A freqüente estreiteza do teatro radica na ausência desta subordinação, limitando-se, quando isto ocorre, a particularidades que estão na gênese de todo fanatismo e de toda incompreensão. E Ionesco explica: "Ser social é uma coisa; ser socialista ou marxista ou fascista é outra coisa —, é a expressão de uma tomada de consciência insuficiente: quanto mais vejo as peças de Brecht, mais tenho a impressão de que o tempo, e o seu tempo, lhe escapam: seu homem tem uma dimensão de menos, sua época é falsificada por sua própria ideologia, que estreita seu campo: é um defeito comum aos ideólogos e às pessoas diminuídas pelo seu fanatismo". Evidentemente, colocando o problema em tais termos, Ionesco já não pode perguntar se o socialismo, por exemplo, corresponde a uma exigência da situação social concreta, ou ao que ele chama de "ser social".

Podemos adentrar-nos mais na posição de Ionesco e compreendê-lo melhor, se considerarmos a sua atitude em face do histórico, ou melhor, em relação ao que poderíamos denominar de historicismo prático; quer dizer, em face daquela atitude que pretende ver na história o valor supremo, índice e limite último que legitima a compreensão do homem e de seu mundo, horizonte axiológico que acusa de ilegítima qualquer posição incluidora de uma dimensão meta-histórica. Ionesco recusa precisamente essa compreensão do homem que o considera como uma realidade incapaz de transcender a imanência da própria vivência histórica.

E, neste particular, parece-nos que o "ensaísta" Ionesco não deixa de ter razão, pois, se é verdade que a nossa época, como nenhuma outra, soube desenvolver o sentido histórico e abrir os olhos para a profunda historicidade do ser humano, por outro lado, este mesmo homem nunca foi tão ferido e problematizado, e de tal modo que se tornou impossível compreendê-lo apenas dentro do clima da exterioridade histórica — o que não exclui, de resto, uma dimensão mais profunda da historicidade humana. De fato, o homem não pode ser reduzido à sucessão de acontecimentos, por mais imbricado neles que possa estar. E assim, quando Dilthey, no início do século, asseverava, em frase bem famosa, que hoje nós vivemos não só mais uma crise, mas temos também a consciência da crise, ele pretendia permitir a compreensão daquilo que julga ser o original, o elemento irredutível, da crise contemporânea; mas além disso, e *malgré-lui,* Dilthey — homem isento das irreparáveis cicatrizes deixadas por duas guerras mundiais —, concomitantemente, abria as portas para a compreensão dos limites de todo historicismo. Pois quando se diz que o homem, além de sofrer a crise, tem consciência de que a sofre, rompe-se a confinação à imanência histórica, a vivência histórica aponta ao trans-histórico, tornando o homem capaz de pensar a história e a sobrepor-se ao simples fluir dos acontecimentos.

Ionesco pretende que o homem reduzido à história é o homem superficializado, que vive na periferia de si mesmo. "Além disso", acrescenta ele, "pode-se ser social a despeito de si, visto que nós estamos presos, todos, em uma espécie de complexo histórico — que, contudo, está longe de nos absorver inteiramente e que, ao contrário, só exprime e contém a parte menos essencial de nós mesmos". Todavia, se com isto aponta a um aspecto válido da realidade humana, resta saber se a ênfase que lhe empresta não o leva longe demais, a ponto de fechar as portas para o histórico ou, ao menos, para certas dimensões impretríveis do histórico. E tal exclusão parece ser mesmo o corolário do niilismo de sua obra teatral, obra que, não se deve esquecê-lo, permanece incompleta. De qualquer forma, em seus breves ensaios, Ionesco parece ir além do que realiza em sua dramaturgia.

O historicismo pretende que haja oposição entre o histórico e o trans-histórico, decidindo-se pela exclusão do trans-histórico. Ionesco pretende o contrário: o histórico e o trans-histórico não se excluem, mas se supõem. O histórico se subordina ao trans-histórico, e só através desta subordinação podemos compreendê-lo em todos os seus aspectos. Só podemos, portanto, compreender o histórico a partir daquilo que o transcende, e tal perspectiva de compreensão é que vai permitir penetrar mais amplamente, de um modo mais radical e essencial, na facticidade histórica.

A missão do teatro é proporcionar, a seu modo, essa penetração radical na realidade humana. O dramaturgo não se deve ater, ingenuamente, ao particular e histórico, ao que acontece aqui e agora, mas deve saber alçar-se ao universal, pondo sobre o palco o trans-histórico. Todo teatro que se prende ao particular, seja psicológico, social ou ideológico, nasce já com um ar defunto, pois o inexorável destino de uma situação particular é ser substituída por outra, esgotando-se, enquanto particular, em sua própria contingência e inessencialidade. As ideologias não conseguem vencer os limites que impõe o tempo. Mas pensando assim, Ionesco não se propõe realizar uma dramaturgia destinada à "imortalidade", feita com as medidas do eterno. Éle quer dizer apenas que o teatro não pode nutrir-se unicamente do particular histórico, mas deve medir-se com o homem em sua realidade última, nutrido em verdades trans-históricas.

Por outro lado, a postulação de um teatro centrado no trans-histórico não exige, como poderia parecer à primeira vista, uma dramaturgia hermética ou esotérica, acessível apenas a inteligências privilegiadas. O próprio Ionesco procura, através de alguns exemplos concretos, especificar o conteúdo de seu "libéralisme métaphysique", revelando nisso, aliás, um bom senso que em vão procuramos ver incorporado em suas peças.

"Há estados de espírito", escreve, "intuições absolutamente extratemporais, extra-históricas", que sem dúvida acontecem no tempo, mas que deixam vislumbrar uma dimensão trans-histórica. Ionesco refere-se à simples intuição da condição humana, desvelada ao homem através do *étonnement d'être* sempre que ele se afasta de sua punctiforme e rotineira vida quotidiana. Então, o homem se apreende como um ser existente, descobre a originalidade da situação humana. E essa "tonalidade afetiva" da situação (*Befindlichkeit* — para usarmos a expressão de Heidegger) é uma experiência universal, comum a poetas, místicos, filósofos de todos os tempos, um ponto de encontro entre o mestre e o escravo, o padre e o leigo; em todos há o saber-se em situação. "Somos eternos", diz Carlos Drummond de Andrade, "frágeis, nebulosos, tartamudos, frustrados: eternos".

Outro exemplo: certos temas e as emoções que lhes são correlatas e que atravessam a poesia e as artes desde a antigüidade. Assim, o tema da mulher que se penteia, ou "a alegria de um barco voltando", são temas que suscitam "emoções eternamente humanas", e a diversidade de estilos — do ceramista grego a Renoir — não passa de um "suporte luminoso do permanente". Mesmo a banalidade consegue, pois, unir o temporal e o transtemporal.

Ionesco evoca ainda a figura de Ricardo II, de Shakespeare, e diz que não podemos reduzir a história deste infeliz rei a uma mera sucessão de eventos mais ou menos apaixonantes; ou então, para falarmos com o próprio Ionesco: "Richard II me fait prendre une conscience aiguë de la vérité eternelle que nous oublions à travers les histoires, cette vérité à laquelle nous ne pensons pas et qui est simple et infiniment banale: je meurs, tu meurs, il meurt". Através de uma história, Shakespeare revela a condição humana, alarga a experiência do homem, como gratamente já o reconhecia Goethe.

O que Ionesco pretende é, portanto, o que realiza todo teatro autêntico, isto é, mostrar as verdades permanentes da realidade humana, o fundo da existência, atingível pela intuição e pela emoção — por mais que variem as condições dadas. E o dramaturgo só vinga quando consegue transferir para o palco a evidência do humano. "O teatro é esta presença eterna e viva; responde, sem nenhuma dúvida, às estruturas essenciais da verdade trágica, da realidade teatral; sua evidência nada tem a ver com as verdades precárias das ideologias, nem com o teatro dito ideológico: trata-se de arquétipos teatrais, da essência do teatro, da linguagem teatral." Repetimos, porém, que nisso tudo

53

quem fala é o "ensaísta" Ionesco, e que nenhuma destas idéias se encontra, ao menos até agora, transposta para a desabusada obra do dramaturgo francês. Podemos mesmo dizer que Ionesco realiza em sua dramaturgia exatamente o contrário do que apregoa em seu ensaio.

Segundo o nosso autor, o realizador máximo e exemplar desse teatro essencial é Shakespeare. E diante de tal assertiva, a pergunta brota espontânea: qual é o possível traço de união entre Ionesco e Shakespeare? Pergunta sem dúvida embaraçosa, pois não se percebe facilmente nem mesmo a possibilidade de uma comparação mais estreita entre os dois dramaturgos. E nesse caso, convém reformular a pergunta: onde reside a inovação de Ionesco? Topamos, assim, com o ponto central, o elemento específico da concepção do teatro defendida por Ionesco: trata-se do ideal de um teatro puro.

De fato, o nosso dramaturgo afirma: "Le langage de théâtre ne peut jamais être que langage de théâtre", e dizendo isso ergue-se contra "certos doutores em teatrologia", tema, aliás, de uma de suas peças *L'Impromptu de l'Alma*. Para esses "doutores" o teatro é mais que teatro: é ideologia, alegoria, política, conferência, ensaio, literatura. Mas o teatro, protesta Ionesco, deve ser apenas teatro; ele deve ser reduzido a seus elementos essenciais, especificamente teatrais, sem concessões a tudo o que o transcende. Todo o contrário, pois, da arte total. E posto que por arte pura se entenda a mecânica que leva a isolar e conferir autonomia ao elemento expressivo peculiar a cada arte, a pretensão de Ionesco, obviamente, deve ser considerada como uma nova manifestação da discutida história da arte pura.

E o que é mais importante: Ionesco talvez possa ser considerado o dramaturgo que melhor soube aproximar o teatro do ideal da arte pura. Evidentemente — e isto vem sendo sobejamente repetido —, a realização desse ideal esbarra em um impasse e resolve-se como contraditória. Mas a abdicação efetiva do ideal da arte pura, ou a constatação de seu "erro", não autoriza a dar o problema por resolvido. Bem ao contrário, a consciência do impasse deve levar à sua problematização, pois estamos diante de um ideal que, ao menos como ideal, já se encontra inscrito, queiramo-lo ou não, na história da arte — um ideal que se impõe como teimosa presença, e constitui mesmo o mais importante *a priori* da arte contemporânea.

O que vem acontecendo com a música e as artes plásticas também atingiu, como não poderia deixar de ser, o teatro. Deve-se mesmo afirmar que, nesse particular, o teatro, de uma maneira geral, sintoniza com as demais artes, pois a infiltração da arte pura já se faz sentir nas primeiras manifestações do teatro contemporâneo — e isto a ponto de se dever considerar esse ideal como responsável por muitas das inovações sofridas pelo teatro a partir da queda do naturalismo. À guisa de exemplo e para comprová-lo, basta lembrar a curiosa evolução do fundador da moderna cenografia, Adolfo Appia; se o seu ponto de partida é o quase fanatismo pela arte total de Wagner, ele termina cedendo à utopia de uma cenografia absoluta em detrimento e mesmo — em certo momento — exclusão da dramaturgia: o feitiço virou contra o feiticeiro Wagner. E se passarmos à literatura dramática, não é nada difícil destacar as linhas mestras seguidas por esse processo dissociativo e mostrar a sua intensidade crescente, a partir de Pirandello e Strindberg, passando por um Thornton Wilder, para chegarmos a Ionesco. O próprio Brecht está longe de poder ser considerado como imune ao contágio da arte pura. Possivelmente, o fio da meada que permite acompanhar a progressão do teatro puro, coincida com a predominâníca crescente de um cerebralismo analítico em muitos dramaturgos contemporâneos; no mais, a coordenada entre teatro puro e esse cerebralismo parece verificar-se também nas outras artes.

O ideal de um teatro puro, incondicionado e absoluto, é a perspectiva que define a concepção do teatro de Ionesco. E nisso arrima-se no que sucedeu com as outras artes. "A partir de Picasso", constata, "a pintura não fez mais do que tentar libertar-se de tudo o que não é pintura: literatura, anedota, história, fotografia. A partir de Picasso, portanto, os pintores tentam redescobrir os esquemas fundamentais da pintura, as formas puras, a cor em si". E Ionesco afiança que não há nisso incidência em esteticismo, no que, em princípio ao menos, não pode ser contestado, pois não se deve confundir — a despeito da freqüente imprecisão de terminologia neste terreno — o esteticismo da arte pela arte com a caça ao absoluto que nutre o ideal da arte pura, embora se possa discutir a viabilidade desse absoluto e até mesmo a sua legitimidade. De qualquer forma, trata-se de descobrir, no caso da pintura, "a realidade que se exprime picturalmente, em uma linguagem tão reveladora como a da palavra ou dos sons".

O que Ionesco pretende é, portanto, especificar a linguagem própria e inconfundível do teatro e permanecer fiel a ela, devendo-se ainda acrescentar que tal fidelidade, se coerente, só pode ser mantida pela exclusão de tudo o que não é teatral: literatura, ideologia, filosofia, política, alegoria etc.

Compreende-se melhor, assim, qual a dimensão do trans-histórico; o teatro deve excluir todo histórico, enquanto tal, em qualquer de suas modalidades. Se Ionesco permanece fiel a este seu ponto de vista em suas peças, é outro problema: — problema, diga-se, que deve ser respondido pela negativa, pois se há nesta obra algo como o processo da decadência burguesa, por exemplo, verifica-se, evidentemente, um compromisso com o social, com o histórico e particular. Mas tal paradoxo, como já apontamos, é inerente ao ideal da arte pura, um ideal que não deve ser mantido em função de sua atualização concreta, realizada, mas deve ser considerado como uma tendência norteadora, um relativo impossível de ser absolutizado.

Quando Ionesco afirma que o teatro atual continua prisioneiro de suas velhas fórmulas e que não conseguiu desvencilhar-se da psicologia de um Paul Bourget — triste símbolo de tudo o que não deve ser feito em matéria de literatura —, reivindica a instauração de um teatro que corresponda ao estilo cultural de nossa época. E para realizá-lo, a fórmula de sua receita é incisiva e consciente: "Pousser tout au paroxysme, là où sont les sources du tragique. Faire un théâtre de violence: violemment comique, violemment dramatique". Assevera ainda: "Le théâtre est dans l'exagération extrême des sentiments, exagération qui disloque le réel. Dislocation aussi, désarticulation du langage". Nestas afirmações Ionesco é coerente com as suas peças, pois elas de fato conseguem realizar tais fórmulas. E nesta realização encontra-se a sua tentativa mais interessante para lançar — ou ao menos sugerir — os fundamentos de uma nova estética teatral.

Ainda que Ionesco não seja um teórico do teatro e que os seus ensaios se apresentem quase sempre com um caráter trocista e autodefensivo, podemos dizer que, em sua obra — dramas, ensaios, entrevistas — deparamos com as implicações estéticas mais violentamente antiaristotélicas do teatro ocidental. Sabe-se que o antiaristotelismo vem sendo tentado hoje em diversos sentidos e com um sucesso muito irregular: sempre com um caráter experimental, de laboratório, ou de exceção mais ou menos vingada. Mesmo deixando de lado a lei "aristotélica" das três unidades — quase sempre violentada depois da queda do classicismo —, deve-se dizer que, no Ocidente, o grande teatro não-aristotélico e a sua correspondente estética ainda não nasceram. Mas de um modo geral, na história de nosso teatro, o principal responsável — e isto de maneira coerente e radical — pelas suas tendências antiaristotélicas é, sem dúvida, o teatro de vanguarda, a ponto de se dever considerá-lo como consubstancialmente antiaristotélico. Em nenhum autor desse teatro, contudo, tal tendência aparece de modo tão claro e definido quanto em Ionesco; ele incrimina não só a estética de Aristóteles, mas até mesmo a sua ontologia.

Realmente, no teatro de Ionesco nada obedece aos conceitos aristotélicos. Quando o Estagirita, no segundo capítulo de sua *Poética,* diz, referindo-se ao artista, que o "imitador imita homens que agem", as quatro idéias contidas nessa definição — o artista, a realidade, o caráter e a ação — sofrem um desvirtuamento completo se referidas a Ionesco. Pois o imitador passa a ser criador em um sentido que se pretende absoluto, destruindo o conceito de imitação a favor de um neoconvencionalismo; em conseqüência, a idéia de homens que se revelam através de uma ação deixa de vigorar: muito mais, são elementos tratados em uma perspectiva profundamente diversa.

E se passarmos aos elementos essenciais e constitutivos do drama segundo o filósofo grego — a intriga, o caráter e o pensamento —, aqui também encontramos requisitos que perdem seu sentido e são substituídos pelo arbitrário. Ou melhor: o arbitrário é constatado na medida em que se permanece preso às exigências de uma dramaturgia cujas perspectivas incidam em um teatro psicológico ou social. Mas já vimos como Ionesco, com a sua postulação de uma trans-historicidade, recusa esse tipo de teatro. Se a intriga, o caráter e o pensamento desaparecem em Ionesco, ou aparecem com aparente arbitrariedade, tal insuficiência não pode invalidar o seu teatro, pois uma crítica radical — desde dentro — só pode atingi-lo se feita a partir dos pressupostos de sua estética teatral, daquilo que se propõe o seu teatro. Vale dizer que a crítica só pode ser feita se conduzida no plano do apregoado "libéralisme métaphysique" de Ionesco. Melhor ainda: o que num determinado plano — o do psicológico ou social — pode parecer como absurdo e tornar-se a presa fácil para uma demolição, em outro plano — o do meta-histórico — obriga a transcender o arbitrário e afirmar alguma modalidade de sentido. E é a partir desse sentido trans-histórico do real que toda compreensão, todo comentário deve ser estabelecido; fora dele o diálogo torna-se fatalmente incompreensível, exterior e absurdo — o que não impede, de resto, a discussão sobre aquele suspeito liberalismo metafísico.

Mesmo a idéia do drama é recusada por Ionesco. *A Cantora Careca* é denominada uma "antipeça", *Vítimas do Dever,* um "pseudodrama" e tais epítetos são válidos para todo o seu teatro. Compreende-se, assim, que Ionesco rejeite a dicotomia clássica do drama em tragédia e comédia. Ele pretende situar-se como que na raiz do trágico e do cômico; nem só comédia, nem só tragédia, mas o ponto de inserção no qual comédia e tragédia se fundem em uma única tessitura. Não apenas uma tragédia provida de situações cômicas, ou uma comédia que encubra e deixe transparecer, entre as linhas, o trágico (à maneira do que pretende um Victor Hugo na sua definição do drama), mas a fusão de ambas em uma realidade única desde dentro da qual possa, então, transparecer o antagonismo entre o trágico e o cômico.

Escutemos o próprio Ionesco: "Je n'ai pas compris, pour ma part, la différence que l'on fait entre comique et tragique. Le comique étant intuition de l'absurde, il me semble plus désespérant que le tragique. Le comique n'offre pas d'issue. Je dis: "désespérant", mais, en réalité, il est au-delà ou en-deçà du désespoir ou de l'espoir". E se é impossível destacar o cômico do trágico, por outro lado, para o espectador, o trágico não se impõe como isento de toda e qualquer ambigüidade. Realmente, a tragédia acontece em destaque sobre um fundo que, em última análise, é fonte de reconforto e consolação. No tema da fatalidade, por exemplo, o herói se debate contra uma ordem estabelecida, contra leis cósmicas, religiosas, biológicas ou morais. O herói pode compreender ou não essa ordem na tragicidade de sua situação; mas sua ação supõe precisamente uma ordem estabelecida, um cosmo, um universo moral, derivando-se daí um possível sentido; sempre há um mundo objetivo que subsiste, ao qual o herói, por alguma razão, não se pode adaptar. "E esta impotência humana, esta inutilidade de nossos esforços, também ela pode, em certo sentido, parecer cômica."

Assim, terminamos encalhando em um paradoxo: o cômico resolve-se na tragédia, porque não oferece saída, sufoca o humano; e o trágico aponta ao derrisório, pois a própria noção do trágico supõe uma saída. Nesse sentido, o trágico e o cômico não dão conta do humano, desse humano que Ionesco pretende mostrar.

Defendendo a imitação de ações humanas, Aristóteles prende o drama ao horizonte de um significado humano e às condições essenciais que permitem a revelação da realidade imitada. E desde que Ionesco se insurge contra a mecânica da imitação, o seu antiaristotelismo parece confundir-se com o gratuito, o simples sem-sentido. Mas é precisamente nessa gratuidade, nesse aparente absurdo, mergulhando nele, que Ionesco pretende encontrar a base de sua dramaturgia e o desvelamento de um novo sentido. Referindo-se à sua primeira peça, *A Cantora Careca,* declara: "Se eu mesmo digo que se trata apenas de um jogo completamente gratuito", não se deve esquecer que "mesmo o jogo gratuito, e talvez sobretudo ele, vem carregado de toda sorte de significações que brotam do próprio jogo"[2]. O jogo gratuito não pode ser reduzido a uma atividade satisfeita em si própria, pois, bem ao contrário, a sua aparente inocência esconde todo um mundo de significações, que só o teatro, sendo a consagração do jogo, pode revelar.

Segundo Ionesco, o mal do realismo — no sentido amplo da palavra — reside no fato de pretender mostrar o que, a rigor, já foi mostrado pela própria realidade. O teatro realista, mostrando o que acontece ou pode acontecer, mesmo colocando o imitado sob uma nova luz, funciona a partir da impressão do *déjà vu*. Mostrando o que a própria realidade mostra, incide em uma tautologia inútil e desnecessária, pois reduz-se ao engenho da repetição. Nesse sentido, o realismo apóia-se em uma realidade extrateatral que, em última instância, dispensa o teatro, concedendo-lhe, na melhor das hipóteses, uma função acessória. Ionesco exige, assim, condições de total cidadania livre ao teatro, isentando-o, em conseqüência, de dependências servilistas.

Posto que o elemento específico do teatro seja o jogo, ele só se sente em suas próprias águas na medida em que souber levar a atividade lúdica, imaginária, ao absoluto de si próprio, fazendo, porém, que tal jogo se transcenda como jogo, por dentro de si mesmo. Obedecendo a tal perspectiva é que o teatro será arte pura. E se o jogo de fato desemboca em compromisso, estamos, então, longe de qualquer forma de esteticismo, pois, atendendo apenas ao seu meio de expressão próprio, o teatro consegue pôr-nos em contato com uma dimensão do real que só ele é capaz de nos revelar. O teatro impõe-se, assim, como um meio de expressão insubstituível.

"Imagina-se", escreve Ionesco, "que não se pode fazer grande coisa sobre um palco; que é ilegítimo afastar-se de não sei que verossimilhança que é confundida com o verdadeiro; que se deve, mesmo não se fazendo um teatro propriamente realista, respeitar um certo realismo de convenção que não passa de uma

(2) in *Arts, Lettres, Spectacles,* número 758, Paris, 20-26 de janeiro de 1960.

caricatura do real: eu quero, ao contrário, sobre um palco, fazer brotar enormes cogumelos, fazer crescer cadáveres, transformar um cavalo em tartaruga ou o contrário, não ter outros limites que os da maquinaria, outras normas que as da minha imaginação. E já que a imaginação tem, naturalmente, leis, o seu funcionamento se inscreve na exploração de uma realidade mais profunda que a realidade realista (pois o realismo é apenas uma estilização, uma maneira, uma convenção como as outras), da qual nos libertará a realidade substancial, o imaginário"[3]. E já vimos como esta "realidade mais profunda" não implica um inacessível ou hermético, mas coincide com o banal, abraçando-se a ele.

O teatro metamorfoseia os caminhos seguros da rotina convencional, revelando o quanto encerram de surpreendente e insólito. O anticonvencionalismo do teatro de Ionesco apresenta, portanto, uma função libertadora. O teatro de vanguarda é destruidor no sentido de que ataca, com a imaginação fabuladora, o mundo das convenções esclerosadoras do humano. E libertando o humano, abre o caminho para uma função criadora e construtiva.

Por outro lado, a dramaturgia de Ionesco confinou-se, até agora, a manifestar uma agressividade puramente negativa, destruidora. Destrói valores considerados caducos, mas isenta-se do compromisso com uma nova ordem de coisas. E se há tal isenção, cabe perguntar pela eficácia, pela legitimidade desse ato de libertação. Mas este problema transcende os limites do presente estudo, que teve por objeto analisar tão-só a concepção do teatro defendida por Ionesco, deixando de lado o estudo de sua dramaturgia.

(1961)

(3) Ibid.

DUAS CARACTERÍSTICAS
DO EXPRESSIONISMO

Incumbiram-me de dizer algumas palavras (*) sobre o movimento expressionista, ou melhor, sobre os seus pressupostos culturais, aqueles pressupostos que o tornam culturalmente compreensível. Não me poderei referir, por isso mesmo, à especificidade do problema cinematográfico, e sim ao movimento expressionista de um modo geral. E a este respeito cabe destacar dois aspectos, que me parece deverem ser considerados fundamentais.

(*) A propósito da realização de um Festival do Cinema Expressionista alemão.

63

A reação contra o passado é o primeiro. Atraves da história ocidental os movimentos culturais se sucedem, e tal sucessão obedece invariavelmente a uma regra básica: cada movimento reage contra o movimento imediatamente anterior, procurando superá-lo sem abandonar a imanência da evolução histórica. Também o expressionismo deve ser considerado um movimento de reação; mas neste caso ela se apresenta com uma característica nova e importantíssima, de conseqüências radicais. Porque o expressionismo não reage apenas contra este ou aquele movimento, contra o naturalismo, o neoclassicismo e o neo-romantismo (que eram os movimentos vigentes na Alemanha do princípio do século). O elemento novo da experiência expressionista é que ela reage, sem mais, contra o todo do passado; é o primeiro movimento cultural que deve ser compreendido, antes de mais nada, por uma rebelião contra a totalidade dos padrões, dos valores do Ocidente. Verifica-se, assim, no expressionismo, e pela primeira vez, um sentido de radicalidade absoluta, a vontade de um caminho que é precipuamente recusa.

Este sentido de ruptura acompanha, aliás, em um sentido expressionista ou não, todo o movimento cultural da época. Encontramo-lo na pintura, a partir do cubismo, e na música, a partir do dodecafonismo atonal de Schoenberg. Mesmo a ciência da natureza está longe de permanecer estranha a tal ruptura. A idéia da continuidade da matéria, por exemplo, que domina toda a física clássica, cede o seu lugar ao princípio da descontinuidade. Compreende-se, desse modo, a voga, no início do século, de expressões como "lógica não-aristotélica", "geometria não-euclidiana", assim como, alguns anos mais tarde, se falará em uma "dramaturgia não-aristotélica". São os próprios alicerces da tradição que periclitam. E a guerra de 1914, a Primeira Guerra Mundial, transfere, violentamente, esta mesma experiência de ruptura à esfera social; através dela sacode-se a ideologia oficial da época, abala-se o idealismo clássico e romântico, cai por terra a crença em um progresso indefinido da humanidade: — é o mundo burguês e sua concepção da perenidade dos valores que desmorona.

Tal situação não poderia deixar de se refletir na literatura e nas artes em geral. Toda arte do passado, com raríssimas exceções, pode ser compreendida a partir de uma ordem ideal estabelecida — elaborada como foi sobre um fundo de valores estáveis, dotados de garantia intocável — seja ela divina, moral ou simplesmente social. Em nosso século, este respeito à ordem estabelecida se desfaz, e o todo do real é equacionado em termos de problema. A arte cessa, pois, de gravitar em torno de valores absolutos. E a primeira e vigorosa expressão, em um sentido global, dessa nova visualização do real é o que constitui o expressionismo. Trata-se agora de construir um mundo novo, embora tal esforço termine por revelar-se ilusório, comprometido que é com uma concepção niilista do homem.

E esta dimensão do humano nos leva ao segundo aspecto que quero abordar: o sentido impessoal da subjetividade.

A alma romântica é uma alma que se confessa sempre, que não consegue esquecer-se. A arte romântica tende a resolver-se em termos de autobiografia. Do expressionismo também se pode dizer que confessa algo, que é autobiográfico — e nesta medida, pode-se falar em filiação romântica do expressionismo. A diferença, fundamental aliás, é que no expressionismo o confessado não é de ninguém, o autobiográfico não tem rosto. A arte não manifesta a subjetividade de um Beethoven, pois, bem ao contrário, diz algo que em última análise releva do impessoal.

Neste ponto, a grande influência vem sem dúvida de Freud, e isto por duas razões. Em primeiro lugar, a psicanálise liberta do passado, cura neuroses, traumas, cujas raízes estão na infância. Transpondo isto em termos de cultura, podemos dizer que a psicanálise liberta da tradição, da história. Em segundo lugar, a perspectiva de Freud é a da subjetividade; ao contrário, porém, do que acontece na psicologia clássica, a raiz dessa nova subjetividade é impessoal: o inconsciente foge à alçada daquilo que se considerava ser a pessoa, e a subjetividade torna-se mais anônima. O problema se faz mais claro para o nosso tema se passarmos a C. G. Jung, o principal discípulo de Freud.

Para Jung o inconsciente passa a ser considerado dentro de uma perspectiva coletiva; haveria forças coletivas, comuns a todos, cristalizadas em arquétipos, que determinam o homem desde o seu inconsciente.

Precisamente estes aspectos da psicanálise — e a eles devemos acrescentar a idéia do pansexualismo — exerceram poderosa influência sobre os expressionistas; são precisamente estes aspectos que permitem compreender o sentido daquela subjetividade impessoal. Evidentemente não se deve entender o expressionismo como uma espécie de aplicação cultural da psicanálise. Trata-se muito mais de certas coordenadas que permitem falar em influência. Assim, a expressão da subjetividade expressionista confina-se à sua raiz, à sua forma mais primitiva: a tendência geral do movimento é densificar tudo em um grito.

Existe um bem conhecido quadro de Edvard Munch que mostra uma mulher imóvel sobre uma ponte — terra de ninguém; Munch conseguiu emprestar à sua tela excepcional intensidade dramática, uma dramaticidade que se manifesta através da única ação da figura pintada, a ação de gritar. Se devêssemos escolher uma palavra para definir todo o expressionismo, esta palavra seria exatamente esta — o grito. Pois o expressionismo é esse grito que brota de uma solidão radical, o grito de um homem identificado ao grito. Sua dimensão, contudo, deve ser bem compreendida, porque não se trata do grito como conseqüência de um drama, apogeu de uma história ou ápice de uma intriga; antecedendo a qualquer drama, história ou intriga, o grito como que se basta, grita-se porque só resta o grito, expressão de um sem-sentido radical. Não se trata, portanto, da resultante de um desdobramento psicológico ou fisiológico, como em certas peças de Ibsen ou de Strindberg; a psicologia e a fisiologia apresentam-se com uma tessitura apenas aparente, que mal consegue esconder o seu sem-sentido.

Por isso é freqüente encontrarmos na arte expressionista personagens destituídas de identidade; ou bem a identidade se fragmenta, chegando mesmo a plurificar-se em diversas personagens, ou então ela é negada por uma espécie de estaticização que a transforma em marionete. A conservação da identidade da personagem supõe que a História seja dotada de sentido; mas estamos, apocalipticamente, no fim da História, na "decadência do Ocidente". E se a história perde sua consistência segue-se fatalmente a dissolução da personagem. Se se reduzir a personagem à fragmentação de situações momentâneas — átomos de sentido —, tais situações tendem a expressar-se de um modo desesperado, que atinge a sua culminância no grito. (O papel relevante da angústia, tal como aparece nas primeiras obras de Heidegger, pode ser relacionado com o expressionismo.)

Compreende-se, assim, que esta arte facilmente possa deixar de pé os nervos do espectador. De fato, estamos diante de uma arte que demasiado freqüentemente se configura dentro dos limites do histérico, dominado pelo sentimento do desmedido, de uma exacerbação que esposa o simbólico. O doente, por exemplo, nunca é simplesmente tal doente: é a doença. Visa-se desta forma a atingir uma arte o mais direta, o mais intuitiva, o mais primitiva possível.

Compreende-se também que a expressão da subjetividade se transforme em algo de coletivo. O doente, como dissemos, perde a sua individualidade e se torna expressão de doença. O grito é grito de ninguém, mas por isso mesmo é grito de todos. O que domina, e sempre mais intensamente, a arte expressionista, o seu horizonte social, é o homem-massa, isto é, o homem que não é por si, mas que vive por contágio. Faz-se mister, portanto, expressar pela arte aquela região última, coletiva, do homem. E daqui se desprende, sobretudo na fase final do movimento, uma dimensão social e mesmo socialista. Nesta linha, Brecht é o mais ilustre filho do expressionismo.

Compreende-se ainda que este movimento sinta necessidade de uma nova linguagem, reduzida a um mínimo de literário e dotada de máxima força expressiva. Uma linguagem que em certos textos de teatro se restringe ao telegráfico, e até ao extremo de negar-se a si própria, violentando a palavra através de sua substituição por ruídos, sons, gritos etc. Mais: esta linguagem, como, de resto, toda postura expressionista, determina-se em sua essência por uma visão óptica do real, fazendo da palavra o índice de um olhar puramente cinematográfico. Isto não quer dizer, no entanto, que o cinema seja a causa de tal atitude óptica; o que se verificou foi exatamente o contrário, pois ela existiu primeiramente no teatro, para mais tarde consagrar-se no cinema; por isso que os grandes filmes expressionistas coincidem com a fase final do teatro desse movimento. Brecht, que muito se ocupou do problema das relações entre cinema e teatro, chama a atenção para o fato de que a visão óptica do real surge já na literatura do século passado, com as novelas de Stevenson e as poesias de Rimbaud. Deve-se neste caso dizer que é a literatura que vai possibilitar este teatro e este cinema.

Concluamos. Se levarmos às suas últimas conseqüências as idéias atuantes no expressionismo — estas idéias que acabamos de apontar — incidiremos em uma arte abstrata. E é precisamente tal incidência que define o impasse final do movimento. De fato, em sua última fase, a decadência do expressionismo revela-se através de sua tendência sempre mais formalizante. Tende-se a confundir expressionismo com estilização. Ou então, procura-se salvar e superar o expressionismo, como acontece em diversos autores, como que por dentro de si mesmo, emprestando-lhe uma bandeira social. Esta tendência socializante torna-se sempre mais forte e evidente, suscitando sempre com mais força também a intervenção da censura. Quando a Alemanha, capitulando ao Estado policial, empresta à censura uma dimensão absoluta, o expressionismo (e com ele toda atividade cultural) passa a ser julgado "arte degenerada". A violentação, no entanto, é mais aparente que real, porque o expressionismo pode ser considerado o movimento mais importante — e, sem dúvida, o mais genial — do processo que se costuma chamar de decadência da cultura burguesa.

(1963)

BREVES OBSERVAÇÕES SOBRE O SENTIDO E A EVOLUÇÃO DO TRÁGICO

"Um ensaio de esforços fragmentários".

Kierkegaard

Os estudiosos são unânimes em admitir que a tragédia alcançou o seu máximo esplendor, a sua forma mais perfeita, na Grécia clássica. Sua influência permaneceu soberana: toda aquela parte da dramaturgia ocidental que se subordina ao gênero tragédia foi elaborada à sombra dos gregos. Eles nos deram, assim, os marcos que determinariam a evolução da tragédia. A tal ponto isto é verdade que mesmo os temas da tragédia, ainda em nossos dias, continuam sendo, freqüentemente, os velhos mitos do drama ático [1]. E no entanto, há uma evolução do fenômeno trágico, uma mudança de seu sentido profundo. Mas sempre que se pergunta o que é a tragédia, o que caracteriza o fenômeno trágico, é fatal voltar à Grécia, e ler a obra de Ésquilo, Sófocles e Eurípedes. Estudando os antigos é que se pode tentar compreender a essência da tragédia; a comparação com os gregos deixa aquilatar o sentido da evolução do trágico através do teatro do Ocidente, e medir o que permanece constante e o diferente desse constante.

Mas a despeito da perfeição da tragédia antiga não é nada fácil penetrar o mistério de seu sentido último. Diante deste problema, a primeira fonte que se costuma consultar são as páginas dedicadas ao assunto por Aristóteles, na sua *Poética;* muitos são os dramaturgos que vão buscar nelas conselho e orientação, e os estetas, por sua vez, não ficam atrás. Aristóteles, porém, não nos diz o que é a tragédia; delimita, sim, o seu objeto, e nos diz, sobretudo, como a tragédia se estrutura, quais são as suas partes constituintes e qual é o lugar destas partes. De algumas delas define mesmo qual é a sua natureza ou como elas devem ser. Embora se afirme, e com razão, que a *Poética* não deve ser interpretada como um repositório de normas, ela não deixa de convidar a tal tipo de interpretação; deve-se mesmo reconhecer que, ao menos de um ponto de vista prático, é isto o que freqüentemente acontece. De qualquer maneira, exatamente em relação ao problema central e mais importante — a elucidação da essência do fenômeno trágico — Aristóteles silencia.

De fato, se quisermos encontrar teorias ou interpretações do que seja a tragédia, devemos consultar os filósofos e os estetas modernos e contemporâneos. A bibliografia de que dispomos sobre o assunto é bastante vasta — é mesmo tão vasta quanto confusa; sua leitura entrega o estudioso ao marasmo das interpretações mais diversas, para não falarmos de páginas por vezes obscuras ou conduzidas por uma erudição que resulta muito pouco satisfatória. Muitas vezes se tem a curiosa sen-

(1) Vejam-se sobre o tema as análises de Kaete Hamburger, in *Von Sophokles zu Sartre, Griechische Dramenfiguren antik und modern*, Kohlhammer, Stuttgart, 1962.

sação de que se trata de problemas muito distantes, coisas arcaicas ou anacrônicas, que deveriam interessar apenas ao historiador, por tratar-se de assuntos que não guardam relação aparente com o nosso mundo: transforma-se o antigo em mais velho do que é. São temas que nem sempre são pensados em relação à vida dos tempos atuais.

Tal impressão é corroborada pelo modo como vulgarmente se usam palavras como trágico, tragédia. São palavras que, como tantas outras — realismo, clássico, romântico —, vem sofrendo uma banalização progressiva, um esvaziamento de seu conteúdo próprio; elas perdem seu significado ou assumem os mais diversos sentidos, com conteúdos até contraditórios. Para que se utilize a palavra tragédia, basta que ocorra um evento, mesmo exterior à esfera humana, dotado de uma certa intensidade negativa. Assim, a morte ou um terremoto são sempre tragédias. Tudo se passa, portanto, como se o trágico tendesse a perder sentido, se tornasse difuso através de sua dissolução, enquanto a tragédia propriamente dita permanece relegada ao rol das coisas amorfas.

Mas a principal dificuldade que oferece a compreensão da tragédia não reside tanto neste processo de dissolução, nem mesmo na divergência existente entre as diversas teorias que pretendem interpretá-la. A principal dificuldade advém da resistência que envolve o próprio fenômeno trágico. Trata-se, em verdade, de algo que é rebelde a qualquer tipo de definição, que não se submete integralmente a teorias. Justifica-se: deparamos na tragédia com uma situação humana limite, que habita regiões impossíveis de serem codificadas. As interpretações permanecem aquém do trágico, e lutam com uma realidade que não pode ser reduzida a conceitos. — Respeitada essa indigência, pode-se, entretanto, tentar uma aproximação do problema.

Aventuremos, de um modo fragmentário e despretensioso, compreender certas dimensões do trágico, sem qualquer intenção de desenvolver uma teoria sobre a tragédia; interessa-nos apenas salientar alguns aspectos que permitam entender a vigência ou a situação do fenômeno trágico na literatura dramática contemporânea.

O problema nada tem de ocioso, nem pode ser reduzido ao âmbito do exclusivamente estético. De fato, não é suficiente fundamentar a tragédia tão-só a partir da esfera da obra de arte: não é apenas a obra de arte que dá a si própria a sua tragicidade. Deve-se dizer, pelo contrário, que o trágico é possível na obra de arte porque ele é inerente à própria realidade humana, pertence, de um modo precípuo, ao real. A partir dessa inerência é que a dimensão trágica se torna possível numa determinada obra de arte. Mas como pode ser compreendida tal inerência do trágico ao próprio real? Como explicar a dimensão trágica da realidade humana? Deve haver algo no homem que possibilite a vivência trágica. Poderíamos chamar de finitude, de contingência, de imperfeição ou ainda de limitação o elemento possibilitador do trágico; melhor ainda seria recorrer à expressão consagrada por Sartre: separação ontológica. Mas é fundamental acrescentar que a finitude ou a separação ontológica que caracterizam o homem não são em si mesmas trágicas: o homem como homem, em sua condição, não é trágico. A separação ontológica é muito mais o elemento possibilitador do trágico, é aquele rasgo na natureza humana que em tais e tais circunstâncias adquire ou não uma coloração trágica. Por isto tem razão Max Scheler quando afirma que o trágico pertence à esfera dos valores [2]; é preso a um valor que o trágico pode aparecer no real. Precisando melhor: o trágico, sem ser um valor, adere a certos valores, vindo então a manifestar-se. Assim, o real chega a assumir, em determinadas circunstâncias, uma dimensão axiológica trágica. A separação ontológica pode ser vivida de um modo trágico, embora não seja em si mesma trágica. Por isto, seria irrisório considerar o fenômeno trágico como algo de universal e necessário: há pessoas destituídas de sensibilidade para o trágico, assim como há também culturas ou períodos da cultura que desconhecem o trágico ou que permanecem cegos à sua densidade. Explica-se dessa forma que esse gênero dramático que é a tragédia não possa surgir arbitrariamente; que

(2) in *Von Umsturz der Werte*, Francke Verlag, Bern, 1955, págs. 153 e segs.

de fato a tragédia só tenha surgido na cultura ocidental, e mais, em certos momentos dessa cultura.

Justificam-se, pois, certas perguntas: qual é a essência do trágico? Qual é o sentido que tem hoje o fenômeno trágico e a tragédia? O mundo contemporâneo permite o trágico? Em que medida? Como pode ele ser vivido? — Tentemos ao menos compreender o sentido destas perguntas: inútil acrescentar que as observações subseqüentes não pretendem exauri-las.

Comecemos pelo início: quais são os pressupostos fundamentais da tragédia? Quando se quer responder a tal pergunta, pensa-se logo no homem trágico: Édipo, Orestes, Efigênia são trágicos. Já Aristóteles se ocupa do problema da natureza do herói trágico. Esse modo de abordar o problema é correto, pois um elemento básico para que se possa verificar o trágico é que ele seja vivido por alguém, que exista um homem trágico. O inquietante, contudo, é que, em decorrência, se concentre todo o esforço elucidador exclusivamente na figura do herói trágico, como se ele fosse o único pressuposto da tragédia. É esta, aliás, a maneira como normalmente se entende o trágico: o herói como princípio e fim da tragédia. Mas tal limitação não é suficiente. Quando se mostra o teor do trágico tão-só a partir do homem, esquece-se um outro pressuposto sem o qual a tragédia não chegaria a concretizar-se. Em certo sentido, trata-se de um pressuposto até mesmo mais radical que o homem, porque se refere àquela realidade que permite o próprio advento do herói trágico. Este outro elemento fundamental é o sentido da ordem dentro da qual se inscreve o herói trágico. De fato, o trágico seria inexplicável a partir apenas da subjetividade do homem, como se este, de repente, ou por si só, se encontrasse em situação trágica, como se o homem fosse a única perspectiva possibilitadora do trágico.

Portanto: se o homem é um dos pressupostos fundamentais do trágico, outro pressuposto não menos importante é constituído pela ordem ou pelo sentido que forma o horizonte existencial do homem. Evidentemente, a natureza da ordem varia: pode ser o cosmo, os deuses, a justiça, o bem ou outros valores morais, o amor e até mesmo (e sobretudo) o sentido último da realidade. Mas só a partir desses dois pressupostos se torna compreensível o conflito que caracteriza a ação trágica. Estar em situação trágica remete àqueles dois pressupostos, e a partir da bipolaridade da situação faz--se possível o conflito.

A polaridade dos pressupostos é uma exigência indispensável, é ela que torna viável a ação trágica. Por isso, Aristóteles, com muito acerto, se recusa a compreender a tragédia a partir simplesmente do homem, ponto no qual insiste muito [3]. Num dos momentos mais importantes de sua *Poética,* diz ele: "A tragédia não é a imitação de homens, mas de uma ação e de uma vida (...), pois os homens são tais ou quais segundo o seu caráter, mas são felizes ou infelizes segundo suas ações e suas experiências" [4]. De fato, não é o caráter que determina o trágico, e sim a ação; o caráter é próprio do homem e restringe-se a ele; a ação, pelo contrário, deve ser compreendida, em última instância, a partir daquela polaridade à qual nos referimos: o homem e o mundo em que ele se insere. No momento em que estes dois pólos, de um modo imediato ou mediato, entram em conflito, temos a ação trágica.

O conflito se compreende, assim, como suspenso na tensão dos dois pólos. Deve-se mesmo afirmar que todo trágico reside nesse estar suspenso na tensão entre os dois pressupostos fundamentais. E se isto assim é, o resultado imanente ao conflito deve ser considerado como irrelevante, de importância secundária. Queremos dizer que a ação trágica não precisa redundar necessariamente na morte do herói, embora a morte possa causar um impacto trágico maior. Mas de modo algum é lícito considerar o *happy end* como incompatível com a tragédia; se assim fosse, uma boa parte das tragédias gregas não deveriam ser classificadas como tragédias. O mais importante, longe de ser a morte do herói, é a reconciliação dos dois pólos ou a suspensão

---

(3) Consultem-se, em especial, as seguintes passagens da *Poética*: 1448, a 23; 1448, a 27; 1449, b 24; 1450, a 15 e segs.
(4) in *Poética,* 1450. a 15 e segs.

do conflito, embora a reconciliação possa acontecer através da morte.

Herói e sentido da ordem se resolvem, pois, em termos de conflito e reconciliação. Na medida em que um dos pressupostos perde sentido e força, o teor trágico da ação enfraquece, perde a sua razão de ser. Quando se assiste a um espetáculo trágico, a atenção se volta espontaneamente para a figura do herói, para aquela personagem que encarna a ação, e o espectador é invadido por determinados sentimentos: ele se prende às conseqüências da ação trágica. Compreende-se, desse modo, que muito facilmente se esqueça de um dos pressupostos possibilitadores do trágico; o sentido do real, qualquer que seja a sua natureza, permanece como que encoberto. Mas o fundamento último e radical do trágico é precisamente a ordem positiva do real: desde que o real tenha valor positivo, o trágico se pode verificar. E é em relação ao problema do sentido do real como raiz esclarecedora do trágico que queremos tecer algumas considerações.

Aristóteles não coloca, ao menos de um modo explícito, a questão. Ele fornece, contudo, alguns indícios passíveis de serem interpretados, como é o caso do problema há pouco referido: a sua recusa a reduzir o herói ao caráter e compreendê-lo pela ação. Queremos chamar a atenção para uma outra passagem da *Poética,* que talvez também permita uma certa conjetura. Quando Aristóteles estuda a natureza do herói trágico, no capítulo 13, e determina a causa da tragicidade, ele fala em "amartia": erro, falta. Muito se discutiu sobre o caráter moral ou intelectual desse erro, embora a maioria dos autores veja nele uma dimensão intelectual, como erro de juízo, visto que o próprio Aristóteles afirma, e mais de uma vez, que não se trata de uma deficiência de ordem moral do herói [5]. Com isto, entretanto, o problema ainda não está resolvido, pois existe o perigo de subjetivar a natureza do erro, e de compreendê-lo à maneira moderna e não grega. Realmente, o erro não pode ser justificado em um prisma puramente subjetivo; ele se mantém, pelo contrário, como objetividade, conseguindo afetar, em conseqüência, a relação entre deuses e homens, e a própria vida pública [6]. Se

(5) *Poética,* 1453, a 5 e 7.

esta interpretação é correta, Aristóteles, através do conceito de "amartia", do erro de juízo cometido pelo herói, atinge o próprio sentido do real, e compreende o trágico a partir de seu elemento possibilitador último. Mas, como dissemos, Aristóteles não chega de fato a desenvolver o problema, e a razão mais plausível para justificar tal interpretação prende-se a um argumento de ordem negativa, qual seja o de isentar Aristóteles de um subjetivismo alheio à mentalidade grega.

Se o autor da *Poética* não autoriza mais que conjeturas, existem, por outro lado, na própria Grécia, subsídios que podem fazer avançar a explicitação da essência do trágico. Como se sabe, desde Nietzsche tornaram-se freqüentes as comparações entre a tragédia grega e o pensamento pré-socrático.

Do ponto de vista de seu sentido, diz muito bem Zubiri que, "enquanto a obra dos filósofos foi a forma poética da Sabedoria, a tragédia representa a forma patética da Sofia" [7]. E Nietzsche, salvo engano de nossa parte, foi o primeiro a interpretar os fragmentos de Heráclito como expressão de um pensador trágico por excelência [8]. A sua filosofia seria, assim, dominada pela idéia da justiça. "O sol não pode transgredir as suas medidas, e se o faz as Fúrias o perseguirão até que a justiça se restabeleça", diz o fragmento 94. A grande inimiga da justiça ou da medida é a *hybris* ou a desmedida. "Melhor apagar a desmedida que um incêndio", acrescenta o fragmento 43. Nestes pensamentos de Heráclito, que colhemos quase que ao acaso e sem nos determos em seu exame, encontramos nitidamente configurados aqueles dois pólos do conflito trágico: de um lado, a justiça, a harmonia, a medida, e de outro, aquilo que as destrói ou perturba, a injustiça, a desmedida, *hybris*.

Mas o pensador pré-socrático que maior ensejo oferece à compreensão do trágico é talvez Anaximandro,

(6) Veja-se a interpretação que dá Albin Lesky ao problema da "amartia", in *Die Griechische Tragoedie*, A. Kroener Verlag, Stuttgart, 1958, págs. 32 e segs. Uma das próximas edições da Perspectiva, nessa coleção.
(7) Xavier Zubiri, *Naturaleza, Historia, Dios*, ed. Nacional, Madrid, 1955, pág. 169.
(8) Leia-se de Nietzsche, *Die Philosophie im tragischen Zeitalter der Griechen*.

sobre o qual convém fazer uma breve digressão. O seu famoso e belíssimo fragmento afirma: "Todas as coisas se dissipam onde tiveram a sua gênese, conforme a culpabilidade; pois pagam umas às outras castigo e expiação pela injustiça, conforme a determinação do tempo". Sem visar a uma análise exaustiva do fragmento, podemos dizer que ele se move entre dois extremos, a unidade e a multiplicidade. As coisas, múltiplas, vêm da unidade e para ela voltam, num processo de gênese e destruição. E Anaximandro nos apresenta a multiplicidade de uma forma altamente dramática, como culpa e injustiça. A isenção da culpa e da injustiça se faz através da reintegração na unidade, que resolve em si o múltiplo.

Visto desta maneira, o fragmento se prende à unidade e à multiplicidade como categorias últimas, explicitadoras do todo do processo da realidade. Parece, por outro lado, que a unidade e a multiplicidade não podem ser consideradas como conceitos últimos. A tendência espontânea é de interpretar a unidade e a multiplicidade do real como ordens sucessivas desse mesmo real — sucessivas porque incompatíveis; quando impera a unidade não existe multiplicidade, e quando impera a multiplicidade desfaz-se a unidade. Dissemos "quando impera": para Empédocles, o ciclo cósmico é dominado ora pelo Amor ora pelo Ódio. Mas essa interpretação "evolucionista" de Anaximandro peca ao menos por superficialidade. O nervo do problema está em compreender o sentido da gênese e da destruição, ou o modo como a unidade "resolve" em si o múltiplo. E o perigo da elucidação consiste em platonizar o pensamente pré-socrático, fazendo-o incidir em dualismos que comprometem a consistência real daquilo que Platão chamará de "mundo das sombras"; seria irrisório atribuir tal tipo de idealismo a Anaximandro. Exegeses mais recentes procuram mesmo isentar a filosofia pré-socrática de visualizações platonizantes.

O problema pode ser colocado de outra maneira: qual é o princípio do real? Parece que o princípio não pode ser a unidade. A palavra princípio (*arke,* do verbo *arkein*) quer dizer começar, estar no início de tudo, do todo, e o que está no início domina, atravessa o todo, assim como o sol é o princípio do dia e domina o todo do dia, para citarmos o exemplo de Heidegger. Assim, não podemos compreender o princípio à maneira cristã, como algo de independente ou de simplesmente anterior ao desenvolvimento daquilo ao qual o princípio dá origem. Ao contrário, a *arke* determina o desenvolvimento, e a seu modo estará presente neste desenvolvimento. Se isto é assim, o grande problema — e que não cabe discutir aqui — é o do "entrelaçamento" de unidade e multiplicidade, de justiça e injustiça, de medida e desmedida, através de seu acontecer, ou no seu processo cósmico. Em outras palavras: não é suficiente dizer que a unidade é fundamento da multiplicidade ou que esta é fundamento daquela. Coloca-se, em conseqüência, o problema de saber qual é o fundamento da unidade e da multiplicidade, da justiça e da injustiça.

Para os pré-socráticos, unidade e multiplicidade são formas de ser, e o ser é a *physis,* a natureza. A *physis,* estendendo-se ao todo do real, permite compreender unidade e multiplicidade, pois ambas são interiores à natureza. Vale dizer que a *physis* está presente em tudo o que é, se manifesta no real, mas de diversas maneiras. E o modo de ser da multiplicidade, na medida em que se afirma como tal e não reconhece a sua unidade no ser, faz com que troque o ser pela aparência de ser. No fragmento 112, Heráclito diz que a sabedoria consiste em "agir conforme a natureza, ouvindo a sua voz". A recusa em ouvir a voz da *physis* ou a teimosia da multiplicidade que se afirma como independente e se recusa a confessar a unidade de todas as coisas (Heráclito, fr. 50), é o princípio dos *pseudos,* do erro, gerador de culpa e de injustiça. Neste sentido é que a aparência deve voltar a integrar-se no ser. A compreensão da sabedoria como um saber escutar a voz do ser é patrimônio comum da filosofia pré-socrática.

Transportando estas idéias para o plano da tragédia devemos dar razão à fértil tese de Karl Reinhardt [9]. Na tragédia, deparamos com a existência humana entregue ao conflito que deriva do entrelaçamento do ser e da aparência. O herói trágico está como que re-

(9) in *Sophokles,* Frankfurt, 1948. Veja-se também o ensaio de Erik Wolf, *Aner Dikaios,* in *Anteile, M. Heidegger zum 60 Geburtstag,* Frankfurt, 1950.

tesado entre esses dois extremos — retesado porque os vive, conscientemente ou não, como extremos — e a sua vida balança entre a verdade e a mentira. Considerado dessa maneira, o objeto fundamental da tragédia não seria, como pretende um Schiller, o destino único do herói inocente que deve ser sacrificado. Objeto precípuo da tragédia seria muito mais a aparência que envolve toda existência humana, acompanhada da densidade que se alia a tal aparência. O desenvolvimento da ação trágica consistiria na progressiva descoberta da verdade — verdade no sentido de *aletheia*: manifestar-se, des--cobrir-se, "desconder-se". Não é a essência do herói, restrita a sua individualidade, que vem à tona, mas a aparência na qual está submerso: a aparência é des--coberta, e nela mostra-se a própria *physis* do herói. Se se tratasse pura e simplesmente da essência do herói, ele seria total negatividade, e em si mesmo, enquanto homem, seria *pseudos*. O problema não reside, porém, no seu ser, mas no seu modo de ser — um modo de ser que pode pôr em jogo inclusive o seu ser. A partir dos equívocos da situação mundana do herói revela-se a verdade.

O próprio de quem vive entregue ao mundo da aparência é fazer do homem a medida do real, fazendo com que ele recuse uma medida que o transcende. Nessa recusa da transcendência radica o *pseudos*, a injustiça, a culpa. O homem se torna — enquanto vive, como dissemos, a teimosia de sua particularidade — princípio da lei, e rejeita um princípio (*arke*) que transcenda a sua particularidade. O *nómos Theios,* a lei divina, de que fala Heráclito, é preterida. O indivíduo passa a ser, assim, presa da aparência ou de uma medida aparente, porque sua, particular; ele incide em *hybris* [10], ou desmedida, o oposto da existência que encontra a sua medida na "lei divina", e que por isso é justa. O herói adota, de um modo consciente ou não, uma espécie de *faux semblant;* ele age como se toda medida que o transcende tivesse perdido sentido. E ele

(10) Sobre a palavra *hybris* e sua evolução a partir da cultura homérica até os tempos de Sócrates, tema de fundamental importância para o problema da tragédia, consulte-se a obra de Louis Gernet, *Recherches sur le Développement de la Pensée juridique et morale en Grèce*, ed. E. Leroux, Paris, 1917, págs. 1 a 33.

é trágico precisamente porque esta sua posição se revela mentira. Topamos, pois, com uma injustiça que obriga ao reconhecimento da justiça.

Neste sentido, podemos dizer que o conflito trágico deriva de um não-estar — ou não poder estar — completamente na justiça: o homem como que vive entre a justiça e a injustiça, entre o ser e a aparência. E a evolução do trágico consiste na des-coberta da aparência e na conquista conseqüente do ser. Em outros termos: o homem é um ser "híbrido", no sentido de que pode perder de vista a sua medida real, transcendente, e emaranhar-se na aparência ou na desmedida, confinando-se à sua própria imanência. Em última análise, toda tragédia quer saber qual é a medida do homem. Toda tragédia pergunta se o homem encontra a sua medida em sua particularidade ou se ela reside em algo que o transcende; e a tragédia pergunta para fazer ver que a segunda hipótese é a verdadeira. O não-reconhecimento dessa medida do homem acarreta, pois, o trágico.

Resumindo a nossa análise: a natureza híbrida do homem se debate entre aqueles dois pólos aos quais nos referimos e que são os pressupostos últimos do trágico: o homem e o mundo dos valores que constitui o seu horizonte de vida. Ou melhor: o trágico reside no modo como a verdade (ou a mentira) do homem é desvelada. E o que vale para a tragédia grega vale também para o fenômeno trágico como tal. Queremos dizer que naqueles dois pressupostos se encontram os critérios que permitem avaliar o sentido da evolução do fenômeno trágico. Evidentemente, não se trata de essências permanentes, mas de realidades históricas. Na medida em que os dois pólos mudam de natureza, se metamorfoseiam, é o próprio sentido do trágico que se transforma. Na medida em que os dois pólos perdem sentido, o fenômeno trágico deixa de existir.

A situação da tragédia dentro das fronteiras do cristianismo soube suscitar as mais variadas discussões e, como era de esperar, os intérpretes chegam a resultados nada unânimes. Se há autores que defendem a possibilidade de uma tragédia cristã, a tendência geral é de negá-la. O católico Theodor Haecker chega ao ponto de considerar a tragédia uma manifestação tipicamente pagã e incompatível com o cristianismo[11]. Nietzsche, a seu modo, como anticristão que é, defende a mesma tese; com este pensador, o elogio da tragédia e a luta contra o cristianismo atingem a sua posição extrema. E seu radicalismo vai mais longe: Sócrates, como homem teórico, torna inviável o homem trágico. Sócrates é para Nietzsche o "primeiro gênio da decadência", e por isso é o primeiro responsável pela morte da tragédia grega. Mas para o autor da *Origem da Tragédia,* esta decadência socrática — que coincide com o surto do niilismo ocidental — é tênue e pouco significa diante do impacto do niilismo cristão, a suprema negação da vida[12]. Deixemos de lado, porém, o problema da situação do trágico em sua relação com o cristianismo e tentemos abordá-lo em outra perspectiva, que não pode, aliás, ser desligada de certas premissas cristãs: o subjetivismo. Mas antes de entrarmos na análise, impõe-se uma breve observação de ordem histórica.

Sabe-se que a tragédia, como gênero literário, foi cultivada em apenas dois períodos ou situações históricas: a Grécia do século V e a Europa dos tempos modernos. Em ambos os períodos encontramos, muito significativamente, a crise das respectivas crenças religiosas: crise do mundo grego homérico e crise da religiosidade medieval. Nos dois casos incide-se em um processo de secularização ou laicização da vida humana. Assim, o florescimento da tragédia, considerado de um ponto de vista histórico, se move entre estas coordenadas, e se situa no choque, na crise, no momento de encontro de duas concepções de vida; se

(11) in *Schoepfer und Schoepfung,* Koesel Verlag, Muenchen.
(12) O problema da tragédia está presente em toda obra de Nietzsche. Veja-se, de modo especial, *Die Geburt der Tragoedie,* e o capítulo dedicado pelo próprio Nietzsche a este seu primeiro ensaio in *Ecce Homo.* Veja-se também o comentário de Gilles Deleuze no primeiro capítulo de sua obra *Nietzsche et la Philosophie,* P.U.F., Paris, 1962.

a religiosidade continua viva, sub-repticiamente tende a ganhar terreno uma concepção puramente humana das coisas. O fato histórico é que a tragédia só se verifica na tensão entre estes dois extremos, no seu momento de incidência.

Já neste sentido histórico podemos dar razão a Hegel e aceitar a sua tese de que a ação trágica se situa entre a realidade objetiva, substancial, e o subjetivo, individual. Costuma-se citar a afirmação de Hegel de que o divino constitui o tema próprio da tragédia primitiva. A afirmação não deixa de ser correta, mas não se deve esquecer que ela atende apenas a uma das dimensões da tragédia. Porque, como dissemos, a história mostra que é na crise do divino, compreendido como substância objetiva, que se instala a tragédia — e crise não quer dizer, evidentemente, exclusão ou neutralização do divino. O próprio Hegel, quando afirma o divino como tema da tragédia, acrescenta: "Não o divino tal como o concebe a consciência religiosa, mas tal como ele se manifesta no mundo sobre o qual se dirige a ação individual, sem entretanto perder nesta realidade o seu caráter substancial e sem transformar-se em seu contrário"[13]. E logo adiante refere-se à "supressão da individualidade que perturbava seu repouso (da justiça eterna)"[14]. Vale dizer que enquanto o homem permanece inserido na objetividade religiosa, ou submerso na religação de uma ordem transcendente — qualquer que seja ela e a ponto de se confundir com ela —, a tragédia não se verifica. Mas por outro lado, o fenômeno trágico perde seu embasamento quando o homem se desprende totalmente dessa religação, quando ela "se transforma em seu contrário"; o trágico desaparece na medida em que a subjetividade do herói tende a se tornar autônoma, despida de qualquer caráter substancial e objetivo. Se isto tudo é exato, compreende-se que a produção de tragédias obedeça a circunstâncias históricas bem determinadas; a tragédia é um fenômeno histórico, surge condicionada por certa situação histórica.

(13) in *Esthétique*, trad. de S. Jankélévitch, Aubier, Paris, 1944, tomo III (2ª parte), pág. 249.
(14) Idem, pág. 250.

Estamos agora em condições de enfrentar o problema da tragédia em nossos dias e de chamar a atenção para alguns de seus aspectos. Dissemos há pouco que deixaríamos de lado a questão da tragédia cristã e que abordaríamos o problema em outra perspectiva, não totalmente desligada do cristianismo: a perspectiva do subjetivismo. Tragédia em um sentido forte e pleno é a grega. A debilidade da tragédia moderna deriva, precipuamente, do excesso de importância que se empresta à subjetividade, sobretudo quando considerada em seu aspecto moral.

É evidente que cristianismo e subjetivismo não se confundem. Acontece, porém, que nos tempos modernos o cristianismo, ao contrário do que acontecera na Idade Média, passa a pactuar mais intensamente com o subjetivismo; o homem cristão, a partir da decadência medieval, se fixa, com exclusividade crescente, na vida interior, na "imitação de Cristo" compreendida como tarefa subjetiva. É esta preeminência progressiva da vida interior que desvigora o trágico e a extensão objetiva da ação trágica. Na medida em que o subjetivismo dos tempos modernos se torna mais forte, menos exeqüível é a tragédia. Por isso, mais do que dizer que o cristianismo é incompatível com a tragédia, deve-se colocar a raiz da debilidade na intensificação através da história do processo subjetivador do cristianismo.

Hegel pressentiu o problema em sua *Estética*, embora não o defrontasse. Cabem aqui algumas observações sobre o pensamento do idealista alemão. Em primeiro lugar, Hegel é preso de um modo absorvente pelo ideal da tragédia grega. Sabe-se que para ele a Antígona é o modelo por excelência da tragédia; ele trata o drama de Sófocles como uma espécie de protótipo. A conseqüência é que quando Hegel estuda "a diferença entre a poesia dramática antiga e a moderna"[15], não consegue desvencilhar-se da perspectiva do dever-ser. E submisso à normatividade do dever-ser não pensa suficientemente a diferença que há entre antigos e modernos. Neste ponto, a atitude de Hegel como que prolonga a "querelle des anciens et des modernes"; digamos que em seu pensamento a crise da

(15) Op. cit., págs. 258 e segs.

diferença permanece superficial. Se ele admite uma diferença entre a tragédia antiga e a moderna, ela é julgada a partir do pressuposto de que é necessário subordinar a tragédia moderna àqueles critérios que caracterizam o drama antigo: mas o diferente da diferença não chega a ser pensado. Essa diferença radica precisamente na vigência do subjetivismo na tragédia moderna. E não obstante a orientação filosófica de Hegel, ele não faz referência maior ao problema. Ou melhor: Hegel vê, e reiteradamente, um perigo no subjetivismo, e aconselha a contorná-lo. Com isso, entretanto, ele se proíbe de examinar a *quaestio facti* e só examina a *quaestio juri*, e o pensamento da diferença permanece ausente.

Em segundo lugar, considerando-se a natureza do sistema filosófico de Hegel, ele é, de um modo radical, antitrágico, no sentido de que torna o trágico impossível. É bem conhecida a justa interpretação que dá Glockner ao pensamento hegeliano, quando pretende que se trata de um pantragismo que busca resolver-se em termos de panlogismo. Segundo Hegel, o Espírito é ou vem a ser realidade absoluta, resolvendo em si o todo do real. O diferente desta realidade absoluta é interpretado como sendo tão-só uma aparência de real — e aqui se poderia ver a raiz explicadora da *hybris*. Mas a verdade é que, neste ponto, o pensamento hegeliano vai muito mais longe, porque ele rouba consistência substancial ao diferente do Espírito absoluto, incidindo, desta forma, em um monismo panteísta, em uma concepção unívoca do ser. Parece que Hegel possibilita o trágico quando pretende que a verdade do indivíduo não está nele mesmo, mas na substância total que nele se manifesta. Mas isto não passa de aparência, porque a própria realidade individual perde consistência, ou encontra consistência naquilo que a transcende. A razão humana, finita, é apenas um momento da razão divina, e entre ambas não há mais que uma diferença de grau. Não se trata, pois, de dizer que o homem permanece a vítima das aparências, ou que ele balança entre o ser e a aparência, entre a justiça e a injustiça, ou que ele pode incorrer em *hybris,* em desmedida: porque o homem é desmedida enquanto homem, enquanto não for compreendido em termos de Espírito absoluto, na circularidade do movimento perfeito da razão infinita. Como ser particular, o ser mesmo do homem é ser contraditório: digamos que ele é contra--dicção, oposta à "dicção" do Espírito absoluto.

Repitamos mais uma vez que a tragédia supõe dois pólos: o homem e a sua medida transcendente. E é óbvio que o conflito entre esses dois pólos depende da realidade de ambos — ambos são reais e têm consistência. A ilusão em que vive o herói repousa num desconhecimento de sua própria realidade ou na teimosia do particular, como indivíduo. Mas no caso de Hegel, o indivíduo perde consistência; ele não tem verdade, ou só a tem em um sentido relativo, por isso que a verdade é o todo, *das Ganze*. Neste caso, a tragédia passa a ser um mero jogo de sombras: o herói não descobre apenas a sua *hybris,* pois ao reconhecê-la descobre concomitantemente que ele não é, que não tem ser, ou que só tem ser aparentemente. A densidade híbrida do homem perde significado. Colocado o problema desta maneira, deve-se dizer, desmentindo o que afirma Hegel na sua *Estética,* que o objeto exclusivo da tragédia é o divino, assim como o objeto exclusivo da Ciência da Lógica é Deus.

Com tal concepção da realidade a tragédia não é mais possível. O panteísmo, ou uma realidade adstrita ao divino, expulsa a viabilidade do trágico, ou o reduz a algo de aparente, que não pode encontrar fundamento real. Podemos, portanto, afirmar que, não obstante o importante papel que exerce a interpretação da tragédia na própria formação do sistema hegeliano e de modo especial na Fenomenologia do Espírito, a filosofia de Hegel, mais do que explicar, termina sendo o processo da tragédia.

De fato, na tragédia, não se trata de reduzir a realidade do herói à realidade que o transcende, mas de ver no transcendente a medida do herói: da injustiça se passa à justiça, à harmonia entre homem e valores objetivos, mesmo no caso extremo do sacrifício final do herói. Podemos dizer que o pensamento hegeliano é insensível ao problema da medida do humano; ele quer resolver a separação ontológica, suprimindo-a. Ou então: Hegel não pensa a diferença e a medida da diferença; ele quer simplesmente abolir toda diferença entre imanência e transcendência, e a reconciliação resulta em monismo. Mas neste caso, qual é o ser do trágico? Eis uma pergunta à qual Hegel não pode dar resposta.

Com Kierkegaard o tema da crise da tragédia vem à tona com uma força que já não dá margem a dúvidas; seu pensamento, dotado de uma aguda sensibilidade para os valores individuais, permite-lhe fazer observações que conservam uma impressionante atualidade.

A interpretação de Hegel sintetiza as meditações da época sobre a tragédia: de Goethe, Schiller, F. Schlegel, Immermann, Solger, Adam Mueller, Hoelderlin. Kierkegaard, por sua vez, escreve o seu ensaio *O Reflexo do Trágico antigo sobre o Trágico moderno* [16] provocado por Hegel. À *Antígona* grega — e podemos acrescentar: à hegeliana — ele contrapõe a "minha Antígona" [17]. E a sua preocupação consiste em pensar precisamente a diferença entre as duas personagens; Kierkegaard reconhece que a diferença reside no ponto não analisado por Hegel, no subjetivismo moderno. Escreve ele: "O herói trágico (moderno) é subjetivamente refletido em si, e esta reflexão não o expulsa apenas de todo contato direto com o Estado, a família e o destino, mas freqüentemente o desliga de sua própria vida anterior". E conclui: "A tragédia moderna não tem, pois, primeiro plano épico, nem herança épica" [18]. O contato direto com aquilo que Hegel chama de realidade substancial e objetiva (Estado, família, destino) perde seu significado.

(16) in *Ou bien... Ou bien...*, trad. de Prior e Guignot, Gallimard, Paris, 1943, págs. 109 a 128.

(17) Sobre a *Antígona*, além do referido ensaio, veja-se o *Diário*, de 20 de novembro de 1842 a março de 1844. Consulte-se também o ensaio de Walter Rehm, in *Begegnungen und Probleme*, Bern, 1957, págs. 274 a 316.

(18) in *Le Reflet du Tragique ancien sur le Tragique moderne*, op. cit., pág. 112.

Kierkegaard encontra o fulcro que lhe permite analisar a subjetivação do trágico na transformação do sentido da culpa e de suas conseqüências. Compreendendo o sofrimento como objetivo e a dor como subjetiva, afirma ele: "Na tragédia antiga o sofrimento é mais profundo, e a dor é menor; na tragédia moderna, a dor é maior e o sofrimento menor. O sofrimento sempre contém mais substancialidade que a dor. A dor supõe uma reflexão sobre o sofrimento que este não conhece" [19]. O processo de subjetivação pode, assim, ser explicado através do relevo que adquire na cultura moderna a reflexão: quanto mais reflexiva se tornar a subjetividade, mais o indivíduo se dobra sobre si próprio, enfraquecendo desta forma a experiência trágica. O que então ganha corpo é o reverso da tragédia: "Por mais original que seja cada indivíduo, ele é filho de Deus, de seu tempo, de sua nação, de sua família, de seus amigos; nisto reside a sua verdade; e se em toda essa relatividade quiser ser absoluto, torna-se ridículo" [20]. O que lança em crise a tragédia moderna é o deterioramento do sentido de uma ordem objetiva, metafisicamente estável. "Nossa época", diz ainda Kierkegaard, "perdeu toda definição substancial da família, do Estado, da geração; ela é forçada a abandonar inteiramente à sua sorte cada indivíduo, que se torna assim, no sentido mais exato da palavra, o seu próprio criador (...); dessa forma, o trágico cessa" [21].

Nosso autor tem razão: o subjetivismo repele a tragédia. À medida que progride a subjetivação, o elemento substancial objetivo é privado de seu vigor. O que para a Grécia clássica era um dado espontâneo e não problematizado, torna-se, nos tempos modernos, um problema. E se o subjetivismo é a tônica da cultura, passa-se a perguntar pelo sentido que possa ter a ordem objetiva ou o transcendente. Compreende-se, dessa maneira, que soe de um modo tão falso e anacrônico a crença de um Giraudoux em uma harmonia universal.

(19) Op. cit., pág. 115.
(20) Op. cit., pág. 113.
(21) Op. cit., pág. 116.

O problema fundamental da tragédia em nossos dias não apresenta novidade: qual é a medida do homem? Mas a pergunta se radicaliza: qual o sentido que pode ter uma medida que transcenda a subjetividade humana? E tentando responder a esta pergunta os intérpretes do trágico defendem, significativamente, campos opostos. O fenômeno trágico, perguntam, é absurdo ou fundamentalmente positivo? A tragédia assenta sobre o nada ou sobre o ser? A medida esconde a desmedida?

Kierkegaard e Nietzsche chegam a associar à tragédia a idéia de alegria. Sengle, Lesky sublinham a necessidade de um sentido último afirmativo como pressuposto imprescindível para a tragédia. Da mesma forma Karl Jaspers: "O ser manifesta-se no fracasso. No fracasso não se perde o ser; ele é, pelo contrário, sentido de um modo total e decisivo. Não existe o trágico destituído de transcendência" [22]. Já Hebbel, Max Scheler, Anouilh preferem o ponto de vista contrário: a tragédia desemboca no sem-sentido. — Mas quando se pensa no drama grego, é difícil admitir como se possa interpretar a ação trágica pelo absurdo. E talvez seja possível ver a semente geradora de todas estas interpretações — quaisquer que sejam as soluções defendidas — na cegueira do homem burguês para a compreensão do fenômeno trágico: Nietzsche já fêz referência a essa cegueira. De qualquer forma, a tragédia, em sua acepção máxima, apóia-se sobre um mundo pleno de sentido, e é inconciliável com o absurdo, tanto do mundo como também da existência humana.

Por esta razão, o subjetivismo moderno (e acrescentemos que mesmo o "objetivismo" ou a exteriorização do homem contemporâneo é historicamente determinado pelo subjetivismo) torna a possibilidade do trágico extremamente problemática. Podemos repetir a idéia de Kierkegaard: o indivíduo reduzido a si mesmo resulta ridículo, objeto de riso. E acrescentemos: ridículo e absurdo. Se o absurdo e o trágico habitam diapasões distintos, o relevo do absurdo na

(22) in *Von der Wahrheit*, Piper, Muenchen, 1947, pág. 925.

literatura de nossos dias tende a expulsar o trágico de seus quadros. Sem dúvida, o absurdo pode implicar uma experiência mais radical, mas isto não o compatibiliza com o trágico. Não é por acaso que as tentativas de reconciliar o trágico com o absurdo medrem em uma sociedade dominada pelo niilismo.

E por que dizer que o herói absurdo (logo ele, que é um anti-herói) é trágico? Mais do que inspirar a sensação de grandeza humana ou da dimensão cósmica ou telúrica à qual pertence o homem, ele transmite o sem-sentido da existência. Nas personagens de um Kafka, por exemplo, sente-se a presença de uma certa culpabilidade oculta, e neste sentido poder-se-ia falar em desmedida; mas só se pode dizê-lo em relação ao ponto de partida, porque a *hybris* não chega a ser desvelada: não há em Kafka a medida que dê razão de ser da desmedida. Sua obra conclui em "uma espécie de mística sem Deus", como diz muito bem Claude-Edmonde Magny [23]. Mas desta maneira, a *hybris,* londe de restringir-se apenas às personagens, como que se transporta para a totalidade do real, embora Kafka, é verdade, "se recuse a tomar em consideração o valor ontológico ao qual aspira" [24]. Sem dúvida, a personagem se debate na ambigüidade do culpado-inocente. E a culpa não é apenas subjetiva, pois em certo sentido ela chega a ser uma espécie de pecado original que arrasta o indivíduo a um compromisso passivo. Mas, justamente, esta cegueira da personagem permanece cegueira, e do plano moral se dilata a ponto de atingir até mesmo o plano cósmico: o próprio mundo é um escândalo.

A experiência "trágica" fundamental do século XX é que a tragédia se transfere da esfera humana, ou da *hybris* do herói, para o sentido último da realidade, confundindo-se, assim, com uma objetividade ontológica esvaziada de sentido — qualquer coisa como uma ontologia do nada. A desmedida se instala no que Hegel chama de substância objetiva. Digamos que a ordem, o cosmos, é deslocado a favor

(23) in *Les Sandales d'Empédocle,* Neuchatel, 1945, pág. 195.
(24) Idem.

do caos. E esse transporte do trágico para o cósmico ou objetivo paralisa o trágico em uma dimensão própria e especificamente humana. Poderíamos dizer que o conflito trágico deixa de existir ou se torna imperceptível para o homem, como a música das esferas pitagóricas. A personagem é apenas um átomo, um fragmento dentro da tragicidade cósmica: ela se perde em sua insignificância e todo seu esforço para saber qual é a sua culpa resulta em absurdo. O desvelamento da culpa não encontra viabilidade para vir a se manifestar. É como se a injustiça estivesse instalada no próprio Deus, desfazendo-se, em conseqüência, qualquer critério ou medida que possa aquilatar a injustiça. A tese hegeliana é invertida: a positividade absoluta do Espírito passa a ser negatividade.

No caso de Kafka, o escândalo do mundo e o absurdo da existência são levados ao absoluto; projetando-se o trágico a uma escala cósmica, qualquer tentativa de construir um herói trágico incide no arbitrário ou no gratuito. Kafka é evidentemente um caso limite, mas ele permite compreender as dificuldades com que se defronta o fenômeno trágico em uma boa parte — talvez a mais significativa — da dramaturgia contemporânea. O que em Kafka aparece como um absoluto, cósmico, em outros autores se torna relativo ou é mitigado: a negatividade fundamental passa a ser uma negatividade relativa ou circunstancial. Trata-se então de pôr à mostra a injustiça, por exemplo, de uma certa estrutura social, como o capitalismo, o comunismo, o racismo, ou ainda o fanatismo religioso ou inquisitorial. Nestes casos, os limites da substância objetiva são mais reduzidos, muitas vezes confinados a uma certa região do espaço e do tempo; trata-se então de problemas mais particulares, mas que são apresentados de um modo negativo ou predominantemente tal. Às vezes, não é a substância objetiva que está em jogo — ela permanece como um fundo mais ou menos amorfo, indiferente à ação dramática.

É claro que essa limitação ou relatividade afeta a própria ação dramática; assistimos agora a uma ação que se desdobra de modo inverso à da tragédia grega. O herói encarna a justiça, destituído de *hybris* (ou com uma *hybris* relativa, que decorre simplesmente das exigências da intriga), enquanto o mundo ou a situação objetiva é injusta: inverte-se, pois, a relação trágica. Tal processo — para citarmos um exemplo — é realizado de um modo total e consciente por Sartre, em sua peça *As Moscas*. Se em Kafka encontramos o escândalo e o absurdo dos dois pólos em que se arrima o trágico — do subjetivo e do objetivo, do individual e do geral —, Sartre busca, ao contrário, afirmar a liberdade absoluta do indivíduo, contra a má-fé que gera a ordem objetiva dos deuses. O que na tragédia grega é considerado desmedida, na peça de Sartre se transforma em positividade; e a medida transcendente ou a justiça grega passa a ser fonte de má-fé, de desmedida para o homem. Nesse sentido, considerado do ponto de vista do valor trágico, o texto de Sartre é interessante porque constitui uma experiência de antitragédia; preso ao cerebralismo que lhe é característico, Sartre elabora essa inversão até às suas últimas conseqüências. Há uma frase de Kierkegaard que permite glosar seus resultados e avaliar a presença do trágico em *As Moscas*: "O herói trágico renuncia a si próprio para exprimir o geral; o cavaleiro da fé renuncia ao geral para tornar-se o Indivíduo" [25].

Mas a severidade de nossa análise não nos permite concluir que a experiência trágica tenha sido banida do mundo humano. Devemos dar razão a Duerrenmatt: se a tragédia em seu estado puro não é mais possível, a experiência trágica, inerente ao humano como é, ainda se pode verificar [26]. O simples fato de que se continua colocando o problema do trágico o atesta. Não perdeu sua atualidade o tema da "diferença essencial entre o trágico antigo e o trágico moderno". A diferença existe, e é ela que nos permite compreender o quanto estamos longe da tragédia em seu sentido próprio. Mas a diferença não pode ser tão absoluta que impossibilite a compreensão e mesmo a experiência do trágico. A situação trágica,

(25) in *Crainte et Tremblement*, trad. Tisseau, Aubier, Paris, 1946, pág. 121.
(26) Friedrich Duerrenmatt, *Theaterprobleme*, Zuerich 1955, págs. 46 e segs.

deve-se reconhecer, é freqüentemente mera nostalgia, saudosismo do melhor dos mundos possíveis e do mito. Mas toda cogitação do trágico, nostálgica ou não, inspira-se no próprio fenômeno trágico.

Podemos concluir dizendo que essa nostalgia ou a possibilidade de uma experiência fragmentada do trágico se resolve nos seguintes termos: na tragédia grega, a vivência da separação ontológica resulta no reconhecimento de uma medida reconciliadora que transcende a separação, ao passo que em nossos dias, a problemática como que se esgota na meditação ou na experiência da própria separação ontológica, debatendo-se para encontrar uma medida que possa colimá-la, mesmo através do desespero; tal medida, portanto, já não se configura em termos de uma "harmonia preestabelecida". Ao "cavaleiro da fé" resta, além da auto-afirmação que quer vencer o absurdo, a possibilidade de uma ação que poderíamos chamar de épica — de um épico que chega a assumir aspectos, digamos, ontológicos, talvez mais preocupado que ocupado com a medida instauradora do humano.

(1964)

KLEIST E A CONDIÇÃO ROMÂNTICA

Em 1862, Herman Grimm dirigia um apelo a seus conterrâneos para que se cuidasse da construção de um novo túmulo; deveria ser um monumento digno de um poeta que, embora quase desconhecido, vítima de um injusto esquecimento, não tardaria em tornar o seu nome indelével. Referia-se a Heinrich von Kleist. "Virão tempos", profetiza Grimm, "em que a importância do poeta se fará clara ao povo". E acrescenta: "Hoje, ele é conhecido e amado apenas por um pequeno grupo de pessoas". Estes tempos, ansiados por Grimm, vieram, e 150 anos após a morte de Kleist, o seu lugar na literatura universal é inconteste. O poeta é celebrado em inúmeros monumentos, erguidos com entusiástica gratidão; as edições de sua obra se multiplicam; acumula-se uma extensa bibliografia, empenhada em elucidar o enigma de sua vida e as contradições de sua obra. E poucas vozes discordam quando se afirma que Kleist é o maior trágico da dramaturgia alemã.

O problema, porém, subsiste: como permaneceu Kleist esquecido e ignorado durante tanto tempo? E isto, não só após a sua morte, mas mesmo — com exceção de um escasso número de amigos — durante a sua vida. O problema continua desafiando a argúcia dos estudiosos da literatura, pois, se todos concordam quanto à importância do festejado dramaturgo e o excepcional de sua obra, discorda-se, e profundamente, quanto ao lugar espiritual de Kleist. Quem foi Kleist? Um romântico? Um precursor de movimentos pós-românticos? Ou, apenas, um resto do classicismo? Ou ainda, um gênio ímpar, impossível de ser classificado?

De fato, é freqüente encontrar-se entre os seus intérpretes a afirmação, não raro um tanto gratuita e apressada, de que Kleist não foi um romântico, isto é, não foi um homem de seu tempo. Alguns, então, procuram prendê-lo ao passado, buscam explicá-lo através do classicismo de Weimar, e pretendem confirmar tal filiação pelo exato sentido da forma característica da obra de Kleist, pela sua aguda consciência artesanal, pela construção pura e impecável de seus dramas. Demasiado turbulento, porém, para poder, sem mais, ser considerado um clássico. E assim, Kleist, juntamente com Hölderlin, constituiria como que um intervalo, um momento de ambigüidade, a indecisão da raiz clássica, comprometida já com o vício romântico.

Outros acentuam uma perspectiva diversa. Preferem ver em Kleist um precursor, e destacam de sua obra certas tônicas, certas dimensões, que autorizam falar em antecipação do realismo, do expressionismo. Há, por exemplo, quem descubra na figura do juiz Adão, personagem central de *A Bilha Quebrada,* um certo parentesco com Kafka. Que Kleist não possa ser considerado um homem de seu tempo — dizem ainda — mostra-o o fato de só ter sido compreendido após o seu tempo, após a morte do movimento romântico.

Talvez a resposta mais imediata que se possa dar a todas essas tentativas de situar o lugar espiritual de Kleist seja dizer, simplesmente, que o seu gênio pertence a todos os tempos; pois é fácil — mas demasiado fácil — descobrir afinidades entre Kleist e os mais diversos nomes da literatura alemã e mesmo universal. — Mas isto tudo é secundário, porque, em verdade, o problema é bem diverso. O que urge elucidar é a relação de Kleist com o seu tempo, e, portanto, com o romantismo; e isto, não apenas em nome do caso particular de Kleist, mas, muito mais, em nome de uma assertiva genérica, válida para todo e qualquer homem, e que diz que o homem que não é de seu tempo não é de tempo nenhum. Ser de seu próprio tempo é condição precípua e imprescindível de toda possível grandeza humana, e condição que não admite exceções.

O lugar espiritual de um gênio como Kleist não poderia constituir uma exceção. Bem ao contrário, ele não só foi homem de seu tempo, mas o foi de uma maneira excepcionalmente radical. — Para tentar mostrá-lo, indagaremos, nas linhas que seguem, mais que a sua obra, a vida do poeta.

Em certo sentido, podemos afirmar que Kleist atravessou, como nenhum de seus pares soube fazê-lo, todas as virtualidades do romantismo; ele foi o romântico coerente, de uma coerência existencial que soube esgotar o movimento espiritual de sua época desde as suas raízes até às suas últimas conseqüências. O caminho de Kleist, contudo, foi obscuro e sinuoso; a sua vida não se desdobra com a clareza de um silogismo, nem com a consciência de uma vontade inquebrantável. Por esse caminho, que raras vezes consegue clarificar os seus próprios desígnios com lucidez, Kleist viveu não apenas o romantismo, mas — e para isto pretendemos chamar a atenção — viveu também o processo do romantismo; e através desse processo, vivido, sofrido na própria carne, é que o poeta consegue ir além do romantismo.

O sonho e a preocupação básica de Kleist, como em todos os românticos, é a felicidade, e uma felicidade que deve ser compreendida como sinônimo de pureza, inocência, vida espontânea, integração na natureza, conquista, enfim, de um paraíso terreno. Tal preocupação já pode ser constatada no jovem Kleist, em seu primeiro ensaio, cujo título é todo um programa de vida: *Ensaio para encontrar o mais seguro caminho da felicidade, e para desfrutá-lo com segurança, mesmo através das maiores dificuldades da vida*. Ora, se busca o caminho da felicidade, é porque não a possui, embora o jovem ensaísta viva na firme esperança de poder atingi-la. E justamente essa esperança, nutrida como sua razão de ser, sofre o irreparável impacto do famoso *Kanterlebnis*.

De fato, a arrebatadora descoberta e uma interpretação precipitada da *Crítica da Razão Pura* fez de Kant a primeira experiência trágica vivida por Kleist. A sua esperança de felicidade, ou, como diz Nietzsche, o seu "sagrado interior", constitui o critério com o qual o poeta vai medir o sentido da filosofia kantiana. Realmente, não há critério mais correto para julgar uma filosofia que o seu valor para a existência humana. Mas a paixão do poeta impediu uma compreensão objetiva. Onde o filósofo de Koenigsberg pretende delimitar e dar ao conhecimento humano um itinerário seguro, isento de incertezas e de assédios cépticos, Kleist vê apenas a certeza do cepticismo, a definitiva ruptura entre o homem e o mundo. Kant é para Kleist a confirmação e a tragédia do cepticismo. E desse momento em diante, a luta pela felicidade, a busca febril do caminho que possa garanti-la, torna-se impossível e mesmo autodestruidora.

Detenhamo-nos, por um instante, no conceito romântico da felicidade. Lembremo-nos de que para o classicismo de Schiller, a graça, a beleza, a "bela alma" — o homem feliz —, resultam da conquista de um equilíbrio entre dois termos inicialmente antitéticos; a des-graça do homem surge na medida em que houver conflito entre o natural e o ideal, entre o animal e o espiritual; e a "educação" clássica visa à superação de tal conflito. Mas é precisamente esse processo de superação que perde sentido para Kleist e os românticos, pois, para eles, a graça, a beleza, não decorrem da conquista de um equilíbrio entre termos que se opõem. Não se pode, pensam eles, atingir a síntese entre o pré-reflexivo e o reflexivo; e toda tentativa de conciliação entre a ingenuidade natural e espontânea com o conhecimento e a consciência da condição humana, endereça-se, irremediavelmente, ao fracasso. Isto porque a graça, a beleza, só são compatíveis com o estado de absoluta inocência, só são realizáveis através da integração plena do homem na natureza. A felicidade romântica não se define, pois, pela consecução da harmonia dos opostos, mas pela exclusão de um dos termos da antítese.

Este, aliás, é o tema central de um breve ensaio de Kleist, o famoso *Teatro de Marionetes,* escrito no fim de sua existência e que vale por um testamento espiritual, além de constituir, possivelmente, a melhor porta de acesso à compreensão do problema da consciência romântica. Neste ensaio, a visualização romântica da felicidade é exemplificada através de uma espécie de parábola, que relata a aventura de um jovem adolescente, desprevenidamente entregue aos seus tenros anos, com uma espontaneidade irrestrita, sem reservas, destituída de qualquer "petite idée derrière la tête". Um dia, porém, este jovem surpreende-se a si próprio, diante de um espelho, executando sem premeditação um gesto que é todo beleza, todo graça; sorri e encanta-se consigo mesmo. Tenta então repetir o gesto, mas tudo que consegue é um arremedo mecânico, desprovido de vida: a graça desaparece. Ele se impressiona; inconformado, teima em repetir a pureza daquele primeiro gesto, e passa horas, dias, diante do espelho, diante de si próprio. Seus esforços, porém, são inúteis, e desde então — conclui o poeta — o adolescente transforma-se profundamente, o seu rosto já é outro, torna-se um homem adulto.

O preço desta transformação é irresgatável: consiste no sacrifício da inocência e da beleza; a felicidade, a graça, dão lugar ao grotesco, e o passado irrepetível determina a nostalgia. O comportamento pré-reflexivo cedeu o seu lugar à reflexividade.

A leitura de Kant transforma-se, para Kleist, em uma tragédia, porque ele compreende em toda a sua extensão o fato de que a consciência, a atividade reflexiva, pertencem à própria natureza da condição humana. Compreende que o conhecimento não aproxima mas afasta o homem do real, confinando-o a um mundo de aparências ilusórias, tornando a felicidade irrealizável. A verdade é, assim, o definitivamente passado. Quem o diz é o jovem Kleist, em uma impressionante carta à sua irmã: "Entrei em contato com a filosofia de Kant", escreve, "e quero participar-te a conclusão a que cheguei, pois não temo que estes pensamentos te possam abalar tão profunda e dolorosamente quanto a mim". E, dilacerado, conclui dizendo: "Nós não podemos decidir se aquilo que chamamos de verdade realmente é a verdade ou somente uma aparência. E se for simples aparência, então a verdade que buscamos nesta terra não tem mais sentido após a morte, e todo esforço para conquistarmos algo que nos siga mesmo no túmulo é vão. Se a voragem deste pensamento não atingir o teu coração, não rias de quem foi por ele ferido na mais profunda intimidade de seu ser. O meu único, o meu mais elevado objetivo naufragou, e já não tenho outro" (carta de 22 e 23 de março de 1801).

Tal é o ponto de partida que permite compreender a condição humana de Kleist, a sua biografia desnorteada, o seu viver como um navio-fantasma ao qual todo porto é impossível. Pois os pólos da torturada existência do nosso poeta são a verdade do sonho e a ilusão do mundo. Ele soube medir uma filosofia — embora mal compreendida — em seu próprio foro íntimo. E em sua irrequieta vida, em vão procurará Kleist realizar o seu sonho neste mundo. O máximo que o mundo pode oferecer ao homem são acenos de um paraíso perdido, acenos que tornam ainda mais trágica e absurda a existência humana.

Filho de nobre estirpe de militares, cedo renega Kleist a família e suas tradições. Renega inclusive a sua pátria, a Prússia. E põe-se a viajar como um insensato pela Alemanha. Que busca Kleist? Nem ele sabe ao certo. O que sabe é que há um fantasma a persegui-lo: o fantasma do suicídio. Foge para a França, depois para a Itália. Encanta-se com a Suíça, país puro, idílico, de uma natureza mais forte que a do homem: o ideal de Rousseau o seduz. Na Alemanha torna-se noivo e faz planos para viver na campanha suíça, em virgem contato com a natureza, vivendo a vida sem falsos problemas do camponês. Mas como poderia sua noiva compreendê-lo? Como poderia a burguesa filha de um general de Frankfurt adotar os costumes de uma camponesa? Iludira-se, não encontrara a sua companheira. E Kleist parte só. Sozinho, tenta realizar o ideal rousseauniano de integração na natureza, de abandono das convenções civilizadas.

Mas o sonho é inexeqüível, resulta em frustração, e, em breve, o nosso poeta volta à sua vida agitada. Da França é transportado para a Alemanha, acometido de estranha e grave doença: o diagnóstico afirma que o micróbio que corrói a sua vida é o nada, o desespero radical. Graças, porém, a ingentes cuidados médicos, consegue salvar-se. Em Koenigsberg, aparentemente dono de si, veste a fantasia de um funcionário público. De fato, tudo o que faz é esconder-se, fugir daquele que ele realmente é, esquivar-se de seu demônio interior. E os simples encargos de funcionário público terminam pesando em seu peito como a maldição de um Sísifo.

Entrega-se, enfim, à ação — agir é melhor que conhecer. Tentando reatar os laços familiares abandonados, põe-se a serviço do exército da Prússia, mas em pouco tempo desilude-se também com a política. Pretende então estabelecer-se como um homem de letras; organiza uma editora, a Livraria Phoenix, e funda uma revista literária, Phoebus. Também nisso fracassa. E o seu último fracasso, ele o encontra na atividade de redator de um jornal sensacionalista de Berlim. Tudo em vão. A felicidade não é desta vida. E Kleist chega, assim, a compreender, através das peripécias de sua própria existência, a mentira do ideal de Rousseau. Sobra apenas esse destruidor de mundos que foi o céptico Kant.

Por que não pode o homem viver em estado de graça, dessa graça que é o próprio da infância? Por que é a inocência proibida ao homem?

O *Teatro de Marionetes* afirma que os homens não meditaram suficientemente o fato de que Adão, no alvor da humanidade, comeu o fruto proibido da árvore da *ciência* do bem e do mal. A fatalidade do homem, como já vimos, é justamente o conhecimento, a ciência, a con-sciência. A atividade reflexiva rouba ao homem a graça, a espontaneidade. O homem pensa e sabe que pensa, age e sabe que age, ama e sabe que ama. Mesmo no amor, "sempre há o outro", como diz Rilke. Sempre há a consciência e a conseqüente impossibilidade da entrega total e pura, da coincidência absoluta com o real. A felicidade só é possível ao marionete ou ao deus, os dois extremos absolutos. E entre estes dois absolutos, excluída de ambas as possibilidades — expulsa do paraíso —, debate-se a malograda humanidade.

O destino e última esperança do homem é "empreender a viagem à volta do mundo para saber se não há uma entrada de retorno atrás do paraíso". Mas é em certa altura desta viagem que Kleist se sente assolado pelo desespero. E neste desespero, profundamente enraizado no romantismo, o autor de *Pantesiléia* ultrapassa a vivência de seus colegas românticos.

Em verdade, os pressupostos do desespero são todos românticos, e, mais especificamente, confundem-se com o ideal de felicidade próprio desse movimento. O nosso poeta, em sintonia com a sua época, compreende o homem como um viajante, um peregrino. A tão almejada felicidade, por isso, não pode estar na quietude do repouso, na harmonia que consegue dominar o tempo, pacificar a história, como o pretendiam os clássicos, pois a compreensão romântica da felicidade radica no *Zeitgefühl*, no sentimento do tempo, ou, como diz Novalis, a felicidade é "sentido para o tempo, talento para a história". E o próprio dos românticos é crer que esta felicidade é possível, que ela nos ronda e está próxima, que ela se confunde com o instante que se avizinha.

No *Fortunatus,* de Ludwig Tieck, obra por excelência da felicidade romântica, lemos: "O espontâneo filho do homem não cansa de esperar do próximo instante uma inesperada, rara e nova felicidade". De fato, para a maioria dos românticos, Rousseau ainda é um evangelho, e Emílio pode ser educado. Mas é justamente desta felicidade — desde dentro dela — que desespera o radical Kleist. Para ele, o inesperado instante de rara e nova felicidade é um logro — ao menos para esta vida. E deste pesadelo Kleist não se consegue libertar.

A nostalgia, como se sabe, é o sentimento básico, informador da vida romântica. Mas eis o paradoxo romântico: a nostalgia da flor azul, desse azul que é símbolo de distância, torna-se objeto de culto; e o romântico adora esta flor, compraz-se na distância que o separa dela, vive a distância com volúpia. Em Kleist, tal volúpia perde sentido, suspende-se o paradoxo romântico, e a nostalgia, de volúpia que era, metamorfoseia-se em dor profunda. Transforma-se na angústia da separação, da ruptura entre homem e mundo, nostalgia de um sonho que se sabe impossível até o fim.

Em sua última obra, o *Príncipe de Hamburgo,* o conflito parece resolver-se. Como tantas outras personagens de Kleist, também o Príncipe é um sonhador — só a morte próxima consegue despertá-lo para o real. Como todas as principais figuras criadas por Kleist, também ele busca a felicidade, a verdade. Mas, à diferença das outras, ele o consegue: o sonho concilia-se com a realidade. Na vida de Kleist, porém, o sonho deixa entrever uma realidade à qual não consegue nunca adequar-se. E assim, quem termina por vencer não é o Príncipe de Homburgo, mas a profetisa Pantesiléia, que dilacera com os próprios dentes o corpo do ser amado. Pantesiléia é a felicidade que se destrói, que já não consegue, a despeito de si, crer em sua própria possibilidade.

Se a existência se torna insuportável, compreende-se, então, que Kleist pretenda encontrar uma derradeira tábua de salvação na morte. Sempre fora um suicida, e seus amigos mais próximos o sabiam. Trata-se de saber o que é mais intolerável: a vida ou a morte. E se a vida se torna um inferno, o suicídio se justifica. Tal é a triste conclusão a que chega o desesperado Kleist. Digno de nota é que, nesta solicitação da morte, encontra — como último e irônico consolo — alguém que o compreende. Henriette Vogel surge como a companheira sempre almejada. Uma afinidade essencial os aproxima: ambos são doentes e incuráveis; ele, de uma doença espiritual; ela, de uma doença física. Enfim a companheira para celebrar o supremo culto — o culto da morte.

A morte, mais que insuportável, transforma-se no simplesmente desejável, e mesmo, na solução óbvia. Em diversas cartas, escritas em seus últimos dias, o poeta faz o elogio da morte. Assim, à sua prima Maria von Kleist, escreve: "Se soubesses, querida Maria, como a morte e o amor alternam para coroar estes últimos instantes de minha vida com flores celestes e terrenas, de bom grado me deixarias morrer. Eu te asseguro que tudo em mim respira a felicidade dos bem-aventurados. Manhã e tarde eu caio de joelhos, coisa que jamais conseguira fazer, e rezo a Deus. Posso agora dar-lhe graças por minha vida, a mais torturada que um homem já viveu, porque ele me recompensa com a mais bela e a mais voluptuosa de todas as mortes". E num bilhete de despedida à sua irmã Ulrike, confessa que, "em verdade, a vida sobre esta terra se lhe tornara insuportável".

Se Kleist não consegue comunicar-se com o outro — amante, esposa ou amigo —, termina buscando comunicação com o "outro" definitivo, com a morte. Encontra na morte a derradeira esperança, a suprema volúpia, e por isto a celebra. E numa manhã de outono, às margens de um lago junto a Berlim, num gesto quase litúrgico, após libertar desta vida, com um tiro, a sua companheira, suicida-se.

A morte de Kleist permanece o fato mais importante de sua vida. É o fato que deve ser meditado, o grave digno do pensamento. Sua morte não dá apenas certa coerência à sua vida, mas, além disso, deixa descortinar, e pela primeira vez, novas dimensões da alma romântica.

Todos os românticos, desde o *Sturm und Drang,* acreditavam que o caos constrói. E o romântico Kleist também se deixa embalar, em certa medida, por esta crença. Mas apenas em certa medida, porque Kleist foi o primeiro dos românticos a descobrir que o caos, além de construir, vem, por outro lado, armado de uma irreparável força destruidora, aniquiladora de tudo e todos. Um Novalis vive ébrio de uma realidade pressentida e jamais conquistada, jamais possuída; ele está tão emaranhado em sua embriaguez, que não consegue perceber nitidamente as fronteiras de sua própria vivência. Kleist foi o primeiro romântico quebrado, imolado por estas mesmas fronteiras. Por isto, o que em Novalis não passa de um etéreo suicídio metafísico, em Kleist transforma-se, brutalmente, em suicídio físico.

O velho Goethe, 16 anos após a morte do poeta, escreve: "Ele sempre me inspirou horror e repulsão, como um corpo provido pela natureza de belíssimos dons, mas corroído por um mal incurável". Este juízo é rigorosamente correto. Mas ao expressá-lo, o que Goethe faz é recusar Kleist, dizer-lhe não, dar-se ao luxo de ignorá-lo. É que os tempos de Goethe já tinham passado. Nós, porém, podemos perguntar se tal luxo também nos é permitido, se nós podemos ignorar Kleist. Sobre os palcos do século XX, Pantesiléia impôs-se como uma figura plenamente aceitável, fascinante até. O horror que ela inspirava ao século passado assumiu ares de família. A razão disto é óbvia. Em torno de Kleist havia qualquer coisa do "mar morto do nada", para usarmos a expressão de Jean Paul. E o que não se deveria esquecer é o fato desse mar ter tomado as dimensões de um oceano.

Sem dúvida, Kleist foi um homem que soube rir, que escreveu uma das melhores comédias de toda a dramaturgia alemã, que escreveu deliciosas anedotas, que soube captar momentos de infinita ternura e pureza, que nos deixou páginas de profundo patriotismo, de intenso sentimento familial. Mas, no final, quem tem razão é Goethe, com o seu severo juízo. Em uma perspectiva mais geral, o problema que deve ser elucidado é o da filiação romântica do niilismo. A tese é longa e complexa, e não é este o lugar para desdobrá-la. Mas se a história tem uma continuidade de sentido, então, os descrentes (no sentido amplo da palavra) do nosso século — nós todos, a humanidade contemporânea —, encontram no romantismo e, mais especificamente, em um homem como Kleist, o primeiro esboço de suas feições niilistas. Kleist foi o homem que tornou ridículo o geometrismo intelectual dos cépticos clássicos, gregos; foi o primeiro a palmilhar, dentro de uma dimensão moderna, uma forma muito mais radical de cepticismo — o cepticismo existencial.

Não é esta, porém, a ocasião para falar sobre a carga fatal dessas coisas "horríveis e repulsivas", já porque em Kleist havia ainda a fascinação da esperança, mesmo se ela terminou por encontrar o seu objeto na morte. Atentemos ao consolo mínimo que é esta esperança, e concluamos com a insondável palavra do poeta: "Und jeder Busen ist, der fühlt, ein Rätsel"; — todo peito que sente, que ama, é um enigma, um mistério.

(1961)

EGMONT, DE GOETHE

O juízo expresso pelo velho Goethe a seu confidente Eckermann sobre o *Egmont* nos diz bem da singular posição desta peça dentro da dramaturgia goetheana: — considera-a uma peça estranha. E de fato, a elaboração do *Egmont* coincide com a fase de transição mais importante da vida do poeta, estendendo-se por mais de 12 anos. Quando, em 1775, aceita o convite do Duque Carlos Augusto para visitar Weimar — uma visita que se prolongará terminando por fazer da corte a sua residência permanente —, o jovem Goethe, empolgado ainda pelos ideais de um titanismo exacerbado, já trazia em sua bagagem, juntamente com um esboço do *Fausto,* um primeiro fragmento do *Egmont.*

Mas a versão definitiva do drama data de 1787, quando, na Itália, definia as idéias que deveriam nortear o seu classicismo, assimilando o princípio de "nobre simplicidade e calma grandeza", estipulado pela estética, de inspiração grega, de Winckelmann. Este caminhar de Leipzig até a Itália, da juventude à maturidade, do romantismo ao classicismo, reflete-se em *Egmont*.

Nos primeiros dramas de Goethe, sobretudo no *Goetz von Berlichingen*, deparamos com personagens cuja tragédia radica em indivíduos excepcionais, que, por seu gênio, estão acima de toda convenção social, de toda ordem estabelecida, de toda e qualquer lei, mas que terminam sempre destroçados pela tirania destas convenções, ordens e leis. Goethe nos pinta a ação heróica, individual, de homens para os quais o único pecado seria a infidelidade à sua própria energia, ao seu *daimon* interior, aceitando, por única lei, a lei que eles próprios são e que trazem inscrita em seu foro íntimo. O trágico nasce sempre da inevitabilidade do conflito com o mundo exterior, desdobrando-se em uma luta — que por vezes se manifesta na dimensão de revolta política — contra toda limitação imposta pelos valores de uma moral tradicional. O caráter socialmente comprometido destes dramas empresta-lhes uma dimensão histórica, que lhes é essencial, pois transforma-os em tragédia do herói nacional, imbuídos dos ideais de preservação da germanicidade. Egmont é, dentro da dramaturgia de Goethe, o último representante deste tipo — e é errado falar em tipo —, no qual se encarnam as aspirações e peculiaridades do *Sturm und Drang*.

Embora fundamentalmente romântico, Egmont, por outro lado, se afasta destas convicções sem as quais não pode ser compreendido, e anuncia já o classicismo de Goethe. Se Goetz, o "cavaleiro da mão de ferro", é precipuamente um homem de ação, que se joga na luta por seus ideais, Egmont não se caracteriza pela ação. Em ambos os heróis encontramos o mesmo amor pela liberdade, a mesma densidade nórdica. Mas Goetz é um homem do povo, bom em sua rudez, ativamente inflamado; ao passo que Egmont, bem ao contrário, é um espírito fino, aristocrático, macio, um homem confiante e alegre, aberto a tudo, "como se o mundo lhe pertencesse", — diz Schiller em seu comentário sobre a peça — "ein fröhliches Weltkind", "uma alegre criança do mundo". Egmont é um herói fundamentalmente passivo.

Se Egmont é habitado por grandes ideais, isto não impede uma entrega imediata a um sentido feliz e quotidiano da existência, a um viver amorosamente cada momento. "Pois então", confessa a seu secretário, "hei de viver apenas para pensar na vida? Não posso gozar o momento presente só para estar seguro do seguinte, e consumir este, por sua vez, com preocupações e tolices?" "Remédio agradável" contra tais preocupações e tolices é Clarinha, sua amante. Antes do *Egmont,* a experiência amorosa sempre se apresentara em Goethe como conflituosa, desgraçando-se na frustração. Werther, por exemplo, deve renunciar ao amor. Com Clarinha surge, por primeira vez na obra do poeta, um amor feliz, despido de qualquer conflito. Egmont entrega-se à natureza pura e livre de Clarinha, pois ela compreende a grandiosidade do destino do seu herói, pode também ela sacrificar-se por esse destino.

E assim como Egmont repousa sobre Clarinha, assim também não luta pelo povo, mas repousa sobre ele. As cenas populares foram pintadas por Goethe com uma precisão extraordinária, dando a atmosfera exata de um momento histórico definido — o século XVI flamengo, quando o país, politicamente integrado à Espanha, começa a insurgir-se contra a tirania estrangeira e antiprotestante. Mas estas cenas constituem apenas o fundo histórico sobre o qual se desdobra, mais do que ação, uma seqüência de quadros que nos oferece toda uma galeria de caracteres: Egmont, a fidelidade integral de Clarinha, o imediatismo político de Orange, a figura oscilante entre o político e o feminino da Regente, a negra e gulosa astúcia de Alba, e outros mais. O homem não é, para Goethe, fundamentalmente, um "animal político", mas um ser dono de uma vida privada e pela qual deve responder.

Goethe não nos quis dar, nesta peça, um drama de ação, mas uma *Gestalt,* um caráter, que antecipa as concepções posteriores, de impessoalidade clássica, imperantes na Efigênia e no Torquato Tasso. Tudo gira em torno de Egmont e o próprio Egmont só pode ser compreendido a partir de sua interioridade. Embora não se trate de uma personalidade titânica, genial, há nele uma superioridade que releva da intenção mais profunda de Goethe: o poeta nos revela o seu sentimento de um destino "demoníaco", de uma submissão a forças suprapessoais, condutoras da vida. Se nos heróis do *Sturm und Drang* encontramos o gênio revoltado e insubmisso a estas forças, que termina, prometeicamente, por naufragar diante do que foge a seu controle, Egmont é a conciliação, é a total submissão a estas mesmas forças, a coincidência entre o destino e o ser do homem, que se manifestam num sentimento de confiança e de harmonia final.

O próprio Goethe considerava-se uma natureza demoníaca. As últimas palavras de sua autobiografia, *Dichtung und Wahrheit,* terminam com uma profissão de fé neste sentido: "Como que guiados por espíritos invisíveis correm os luminosos corcéis do tempo, conduzindo o leve carro de nosso destino, e a nós resta, apenas, possessos, segurar as rédeas a fim de evitar um obstáculo de um lado, uma queda de outro lado. Para onde vai? Quem sabe? Se mal se lembra donde veio!" Se o caminho do homem é por vezes confuso, a crença de Goethe nos afirma a possibilidade da sabedoria, da integração do homem em um todo que o transcende. Ao contrário de Goetz, símbolo do titanismo, Egmont é a encarnação de um certo fatalismo, pois não há nele o sentimento de sua força e sim o do destino, de um destino que não se opõe ao homem, mas que o continua, que o conduz, através desta subordinação do eu ao *daimon*, à máxima realização do homem. Já se vê: o trágico, segundo Goethe, não cresce a partir de uma concepção metafísica da liberdade, como em Schiller, mas da convicção do humano-demoníaco.

Compreende-se então a enorme autoconfiança de Egmont. "Minha posição já é alta", afirma, "e posso e devo subir ainda mais; sinto-me com esperanças, coragem e forças. Ainda não alcancei o cume de minha grandeza; e se um dia estiver lá em cima, quero estar seguro e não receoso." Seu caminho é ascensional e a própria morte transfigura-se em salvação, sua e de seu povo. Egmont não conhece conflitos, tudo nele é paz, repouso, não havendo sequer o perigo da perdição. Daí sua entrega, sua passividade, que encarnam todo o otimismo do Goethe desta fase de sua obra. Egmont sequer conhece a culpa em sentido moral, tão presente em certas obras anteriores, como também no Fausto, mas desdobra-se na consciência de uma legalidade subjetiva, interior, coincidente com a força do destino.

Esta passividade ocasionou a irritação de Schiller: "Ouvimos falar de seus méritos — e vemos com nossos olhos suas fraquezas". Contudo, o caráter de Egmont não tem, para Goethe, um sentido negativo ou neutro, pois sua vida e sua morte alçam-se em símbolo de esperança de reconquista de uma liberdade perdida. O fundo político básico do drama é o problema da liberdade, mas se assistimos ao conflito entre a liberdade e a tirania, uma tirania que se torna sempre mais aguda no decorrer da peça, culminando com a ação usurpadora do Duque de Alba, a suspensão do conflito não se processa através da luta política, como no *Don Carlos* de Schiller. Centro de toda ação não é a luta política, mas a figura de Egmont, e somente através dele será possível atingir a salvação, pois representa a encarnação de todos os valores tradicionais. Por isso mesmo, a liberdade não tem precipuamente uma dimensão futura ou revolucionária: bem ao contrário, trata-se de uma liberdade que deve garantir a sobrevivência do passado, de uma tradição organicamente enraizada na natureza do povo. Esta fidelidade é o que faz de Egmont um protegido dos deuses, revelando como insuficiente a ação política, não só do astuto Alba, mas também de Orange. As drásticas revelações sobre a situação política, feitas por Orange, e o convite à fuga, provocam em Egmont uma explosão de protesto: "Este homem transmite-me suas apreensões. Fora! É sangue estranho em minhas veias! Bondosa natureza, expele-o de mim! E para lavar do rosto as rugas pensativas, por certo que ainda haverá remédio agradável".

Dentro de uma perspectiva política, a atitude de Egmont provoca indignação. Mas, precisamente, a perspectiva política é, para ele, falsa: o caminho deve ser o próprio Egmont, em cujas veias corre o sangue da tradição, e Egmont escuta o seu próprio sangue, busca a sua própria densidade, pois é através dela que conseguirá redimir a si próprio e a seu povo. A passividade do herói identifica-se com sua ilusão.

(1958)

VIGÊNCIA DE BRECHT

Mais do que em suas peças, a dimensão fundamental de Bertold Brecht reside talvez na complexa problemática que soube, como ninguém, trazer à luz com as suas idéias sobre o teatro. Idéias que, longe de afetarem apenas, como poderia parecer à primeira vista, a especificidade da construção teatral, atingem a função da arte em sua raiz, mergulhando, assim, na própria estrutura da civilização contemporânea.

Pode-se discordar da impenitência dos ideais político-sociais de Brecht; pode-se discordar das "respostas" que pretende insuflar ao espectador; pode-se discordar até mesmo da genialidade com que soube, através de uma progressiva laicização do expressionismo, concretizar a sua concepção do teatro. Mas o que não pode ser ignorado, o aspecto mais essencial, além de toda a peculiaridade de sua carpintaria, além mesmo da tão significativa evolução de sua linguagem, é a tremenda acusação, explicitada em larga medida em seus escritos sobre o teatro, sobre a própria idéia da arte teatral. Dir-se-á que esta idéia não é nova, mas ninguém soube tão bem quanto ele torná-la objeto necessário de consideração.

A verdade de Brecht, conquistada através de uma lúcida evolução, é esta: a compreensão de que a volúpia do jogo, o esteticismo em qualquer dimensão, correspondem a uma concepção decadentista, alienadora da densa realidade humana. Mas compreendamos o esteticismo em um sentido amplo, como comprazer-se nos meios e ignorar os fins, ou como subordinação dos fins aos meios. O esteticismo, portanto, entendido como o produto de uma civilização na qual se atingiu uma tão aguda diferenciação entre os diversos aspectos da cultura, que a idéia de organicidade, de sentido, entre estes aspectos, passa a ser atingida apenas como o objeto de abstratas análises, quase sempre decepcionadas e decepcionantes: a organicidade deixa de ser vivida, talvez por já não existir. A fragmentação, a ausência de conatação vivida como impossibilidade, passa então a ser lei, e o sentido da totalidade, orgânica e concreta, se esfumaça.

Neste sentido, abstrato é o *dandy;* abstrata é toda obra de arte pacificadora, que resolve ou exclui. E se o *dandy* encontra o seu *habitat* nos inevitáveis "paraísos artificiais", a obra de arte já nasce endereçada para ser exposta nesta invenção eminentemente moderna que é o museu, cuja origem coincide com o próprio surto da crise da cultura contemporânea. Pois o museu é precisamente a glorificação do espírito abstrato, fragmentário, consagrador do meio como fim, esquecendo a este sob a coberta de uma simpática e legitimadora democratização da arte.

Friedrich Duerrenmatt chamou a atenção para o fato de que o teatro de nossos dias tende a ser, sempre mais, uma espécie de museu da dramaturgia ocidental.

O teatro é tragado pelo ideal de uma fidelidade histórica insuspeita, como se cada espectador devesse tornar-se, enciclopedicamente, um especialista na matéria, compreendendo gregamente os gregos, medievalmente os medievais, modernamente os modernos. E, como facilmente acontece com os espíritos enciclopédicos, a única coisa que deixa de ser compreendida é o próprio tempo, seja ele interior ou exterior.

A consciência histórica já não pode ser camuflada: Hegel fez compreender, definitiva e inadiavelmente, que um ocidental que estuda a Grécia antiga ou a Idade Média cristã não se entrega simplesmente ao passado histórico (esta perspectiva é, ao menos, inconsciente), mas, sobretudo, estuda a si próprio. Somos todos gregos e todos medievais. Mas Valéry também tem razão: o imenso e pesado caudal da história agride-nos como o produto mais perigoso já produzido pela química do intelecto humano, justificando tudo o que se quiser; rigorosamente, ela nada ensina, pois contém tudo e de tudo dá exemplo. As "vantagens e utilidades da história para a vida" tornaram-se suspeitas, cedendo o seu lugar a um prudente cepticismo.

Diante de situação tão ambígua, Duerrenmatt prefere a segunda alternativa: se a história tudo justifica, ela nada justifica. Sobra o riso, pois o mais ridículo, a despeito do *fabula docet,* seria levar a sério a Áugias e o seu estábulo. Por isso, Duerrenmatt escreve para aqueles que, ao lerem o seríssimo Heidegger, caem no sono dos justos e no esquecimento de si mesmos, isto é, da história. Brecht, ao contrário, não ri: assume a impossibilidade de camuflar a consciência histórica e todas as suas fatalidades. A história já não é um museu, e o seu teatro se inscreve no horizonte de um sofrido apelo para a reforma do homem. E se se pode fazer certa reserva ao que ele entende por reforma do homem — na medida em que supõe o assassinato de Pascal — a acusação que faz ao teatro vigente é não só válida em muitos de seus aspectos, mas dialèticamente sadia até o seu nervo e absolutamente necessária. A presença de Brecht impõe-se como o marco mais sério e essencial do teatro contemporâneo, na medida em que denota um esforço encaminhado para a superação de estruturas caducas, sejam teatrais ou não.

Evidentemente, suas teorias não são um critério absoluto no qual nos possamos acomodar; nada compromete tanto o espírito de criação como o dogmatismo. Não se deve esquecer que uma doutrina como a de Aristóteles não foi o pressuposto ou a mola impulsionadora da dramaturgia grega, mas a decorrência e o comentário do teatro antigo, e que isto vale para toda teoria. Transformar Brecht em um programa fixo para atividade teatral, além de contradizer as lições e o comportamento do próprio Brecht, reduz o teatro a um trabalho de epígonos.

Mas as teorias de Brecht oferecem-se como uma presença inexpugnável para o diálogo sobre a vida e a razão de ser do teatro — presença que deverá continuar atuante: não apenas como pólo antitético e polêmico, mas como possibilidade concreta daquilo que pretende, legitimamente, o autêntico teatro: o alargamento da consciência humana, o aceno à compreensão do tempo. E a denúncia da indiferença daquilo que, no *Doktor Faustus,* muito adequadamente, Thomas Mann chama de "travesti da inocência".

(1961)

A PROPÓSITO DE JACQUES
E A SUBMISSÃO DE IONESCO

Todo espectador tem o sagrado direito de protestar contra a mistificação: quando vai ao teatro, quer ser atendido nessa função específica que se propôs como espectador, isto é, quer ver teatro. Trata-se de uma exigência pacífica. A rebelião de Ionesco não admite tal direito; ele não gosta das mentalidades que aceitam as coisas como pacíficas. Antes de mais nada, Ionesco é um destruidor — apenas um destruidor. E assim, coerente com esta premissa, não escreve teatro, mas um antiteatro; escreve antipeças, antidramas. Uma das novidades de nossa época e de sua sempre surpreendente técnica está na fabricação de brinquedos. Pois

Ionesco trata o teatro como se fosse um brinquedo; manuseia-o a seu bel-prazer, e, como toda criança, termina por virá-lo ao avesso, desmonta-o, quer saber qual o seu segredo.

Contudo, da criança, o que falta a Ionesco é a inocência, a candura da entrega. Por isso, a acusação mais inconsciente que se lhe poderia fazer seria imputar-lhe o compromisso arbitrário com uma atividade lúdica gratuita. Já disse: Ionesco é antes de mais nada um destruidor, e não destrói apenas esse realismo teatral que, após dois mil anos de tradição, tornou-se a exigência espontânea de todo espectador. Sua vontade de destruição vai muito mais longe. Ionesco destrói — aparentemente, ao menos — tudo de que pode lançar mão, a ponto de não se saber com certeza se existe para o nosso autor algo de indestrutível ou, pelo menos, qualquer coisa que mereça a mão construtora do homem.

Entre os ricos e variados produtos de nossa cultura burguesa destaca-se, com um realce todo especial, o *enfant terrible*. Pois Ionesco é um deles. Apraz-se em dilapidar sistematicamente a fortuna herdada de seus pais, e enquanto não conseguir espalhar aos ventos até mesmo as ruínas, não se dará por satisfeito. De fato, o "monstro" Ionesco tem um não menos monstruoso inimigo: o burguês. Toda a sua obra procura desmontar as diversas peças dessa máquina fabricadora de conforto, de higiene. de bancos, de lugares comuns e de preconceitos de toda ordem, de falsos ideais e de progressismos anacrônicos. Também Ionesco é autor de uma "tragédia burguesa".

Mas o que surpreende no principal representante do teatro de vanguarda é o inusitado de seus processos de ataque. Falando do poeta, diz André Gide que, "mostrando apenas uma verdade, ele exagera. Simplificar é exagerar o que fica. A obra de arte é um exagero". Ionesco é todo o oposto do poeta, já porque não se ocupa de uma verdade, mas de uma mentira; de sua arte, entretanto, pode-se dizer que recorre a esse duplo processo apontado por Gide, de simplificação combinada ao exagero. Não se trata de exultação poética, mas de uma deformação que incorre no grotesco. Através do grotesco consegue o autor de *Vítimas do Dever* por a mostra a pseudoverdade do mundo burguês. Aborda apenas certos aspectos desse mundo, como o "casal bem unido" de *A Cantora Careca* où a "família eterna" de *Jacques ou a Submissão,* ou ainda a ditadura e todas as formas de opressão social que procuram roubar ao homem sua dimensão própria, como em *Tueur sans Gages* e *Os Rinocerontes.*

Acima de tudo, porém, mais do que apresentar o drama desta ou daquela situação burguesa, o grande tema de Ionesco é a tragédia da linguagem. O agente catalisador e irradiador, o lugar em que se condensa a problemática de Ionesco, a perspectiva que permite compreendê-lo em toda a sua extensão, é o problema da linguagem. Não há em Ionesco uma linguagem poética, como em seu colega Schehadé, mas uma linguagem banal, quotidiana, pesquisada em sua profunda inautenticidade, derivada de provérbios e lugares comuns. A tragédia burguesa que nos oferece Ionesco assume os contornos de uma tragédia da linguagem; e o inquietante é que não se trata de uma modalidade de linguagem reduzida a sua própria problemática, pois através dela todo real passa a sofrer como que uma perda de densidade. Ela é o absoluto que determina a realidade, a armadilha que transforma o homem em marionete.

A linguagem de Ionesco nos dá um perfeito exemplo das análises efetuadas por certos filósofos contemporâneos: a pretensão de fazer da linguagem um simples instrumento a serviço do homem transformou esse mesmo homem em uma vítima da linguagem; passa-se a pensar e falar o que todo o mundo — ninguém, portanto — pensa e fala. A linguagem adquire assim autonomia, neutraliza a sua carga real. Mas tal autonomia implica um processo de autodestruição. A palavra, perdendo toda e qualquer conotação, termina por *crever comme des ballons,* como diz o professor de *A Lição,* arrastando atrás de si o mundo habitado pelo homem e o próprio homem.

Como em todo teatro de vanguarda, há em Ionesco uma caça ao absoluto. No teatro realista, a crise de determinada situação afeta apenas esta situação, seja psicológica ou social; e tudo o que transcende a situação apresentada continua intato. O teatro de Ionesco é absoluto no sentido de que a crise de uma situação penetra todo o real: se a linguagem se desfaz, o que se desfaz é a própria realidade, o mundo humano. Compreende-se então que coisas e homens percam a sua identidade, tornem-se indistintos. Compreende-se que cogumelos brotem por toda parte, que cadáveres cresçam a ponto de tenderem a confundir-se com o próprio mundo, um mundo morto. Compreende-se também que as personagens sejam reversíveis, e indiferentemente, uma possa assumir o lugar de outra, ou possuir três narizes, ou nove dedos. De fato, as personagens de Ionesco são destituídas de dimensão psíquica ou social: não passam de marionetes vazias de interioridade e incomunicáveis.

Mas não existe uma linguagem autêntica, reveladora de um sentido do homem e do mundo? Eis o problema que Ionesco ainda não colocou.

Jacques ou a Submissão é um dos melhores exemplos desse processo ionesquiano de destruição. Vítima de um mundo burguês, das falsas exigências de sua "família eterna", Jacques termina por resignar-se, aceita as imposições de seus familiares e casa-se com Roberta. Ao contrário do que acontece com a maioria dos "heróis" de Ionesco, que se autodestroem, ao submisso Jacques — esse resto de realidade — sobra apenas a resignação diante de um mundo opaco que perdeu sentido. Mas não se resigna simplesmente à vontade de sua família: o novo casal, Jacques e Roberta, resigna-se diante do absurdo; o que eles esposam, em verdade, é a linguagem do absurdo. Posto que todo o real — coisas, sentimentos e pessoas — perde a sua especificidade, tudo pode ser identificado com uma única palavra: *chat,* gato. Com esta ou qualquer outra; tudo se torna indistinto. Mas se assim é, melhor é não falar, não vale a pena. Falar não passa de um modo de confirmar o absurdo.

Neste caso, o que resta? O silêncio, a resignação passiva diante de um niilismo sem saída? Não. Resta o riso. Ionesco escreve comédias. Ri e faz rir do absurdo. Bergson chamou a atenção para a função corretiva do riso. De fato, através do riso o homem se sobrepõe à realidade de que ri, toma criticamente consciência do mundo que o cerca; no caso, diante da derrocada burguesa, de um mundo absurdo. Se nas criações de Ionesco a linguagem torna os homens incomunicáveis, o riso, aquém de toda linguagem, restabelece a comunicação. Mas o riso não fala, é preconceitual. O que resta, pois, é a deflagração da mais espontânea forma de convívio humano: o riso.

(1961)

TEATRO NA PERSPECTIVA

Sentido e a Máscara
   Gerd A. Bornheim (D008)
Tragédia Grega
   Albin Lesky (D032)
Maiakóvski e o Teatro de Vanguarda
   Angelo M. Ripellino (D042)
Teatro e sua Realidade
   Bernard Dort (D127)
Semiologia do Teatro
   J. Guinsburg, J. T. Coelho Netto e Reni C. Cardoso (orgs.) (D138)
Teatro Moderno
   Anatol Rosenfeld (D153)
Teatro Ontem e Hoje
   Célia Berrettini (D166)
Oficina: Do Teatro ao Te-Ato
   Armando Sérgio da Silva (D175)
O Mito e o Herói no Moderno Teatro Brasileiro
   Anatol Rosenfeld (D179)
Natureza e Sentido da Improvisação Teatral
   Sandra Chacra (D183)
Jogos Teatrais
   Ingrid D. Koudela (D189)
Stanislávski e o Teatro de Arte de Moscou
   J. Guinsburg (D192)
O Teatro Épico
   Anatol Rosenfeld (D193)

Exercício Findo
   Décio de Almeida Prado (D199)
O Teatro Brasileiro Moderno
   Décio de Almeida Prado (D211)
Qorpo-Santo: Surrealismo ou Absurdo?
   Eudinyr Fraga (D212)
Performance como Linguagem
   Renato Cohen (D219)
Grupo Macunaíma: Carnavalização e Mito
   David George (D230)
Bunraku: Um Teatro de Bonecos
   Sakae M. Giroux e Tae Suzuki (D241)
No Reino da Desigualdade
   Maria Lúcia de Souza B. Pupo (D244)
A Arte do Ator
   Richard Boleslavski (D246)
Um Vôo Brechtiano
   Ingrid D. Koudela (D248)
Prismas do Teatro
   Anatol Rosenfeld (D256)
Teatro de Anchieta a Alencar
   Décio de Almeida Prado (D261)
A Cena em Sombras
   Leda Maria Martins (D267)
Texto e Jogo
   Ingrid D. Koudela (D271)
O Drama Romântico Brasileiro

Décio de Almeida Prado (D273)
Para Trás e Para Frente
David Ball (D278)
Brecht na Pós-Modernidade
Ingrid D. Koudela (D281)
O Teatro É Necessário?
Denis Guénoun (D298)
O Teatro do Corpo Manifesto: Teatro Físico
Lúcia Romano (D301)
O Melodrama
Jean-Marie Thomasseau (D303)
Teatro com Meninos e Meninas de Rua
Marcia Pompeo Nogueira (D312)
O Pós-Dramático: Um conceito Operativo?
J. Guinsburg e S. Fernandes (orgs.) (D314)
Contar Histórias com o Jogo Teatral
Alessandra Ancona de Faria (D323)
Máscara e Personagem: O Judeu no Teatro Brasileiro
Maria Augusta de Toledo Bergerman (D334)
Teatro em Crise
Anatol Rosenfeld (D336)
Estética e Teatro Alemão
Anatol Rosenfel (D340)
João Caetano
Décio de Almeida Prado (E011)
Mestres do Teatro I
John Gassner (E036)
Mestres do Teatro II
John Gassner (E048)
Artaud e o Teatro
Alain Virmaux (E058)
Improvisação para o Teatro
Viola Spolin (E062)
Jogo, Teatro & Pensamento
Richard Courtney (E076)
Teatro: Leste & Oeste
Leonard C. Pronko (E080)
Uma Atriz: Cacilda Becker
Nanci Fernandes e Maria T. Vargas (orgs.) (E086)
TBC: Crônica de um Sonho
Alberto Guzik (E090)
Os Processos Criativos de Robert Wilson
Luiz Roberto Galizia (E091)
Nelson Rodrigues: Dramaturgia e Encenações
Sábato Magaldi (E098)
José de Alencar e o Teatro
João Roberto Faria (E100)
Sobre o Trabalho do Ator
M. Meiches e S. Fernandes (E103)
Arthur de Azevedo: A Palavra e o Riso
Antonio Martins (E107)
O Texto no Teatro
Sábato Magaldi (E111)
Teatro da Militância
Silvana Garcia (E113)
Brecht: Um Jogo de Aprendizagem
Ingrid D. Koudela (E117)
O Ator no Século XX
Odette Aslan (E119)
Zeami: Cena e Pensamento Nô
Sakae M. Giroux (E122)
Um Teatro da Mulher
Elza Cunha de Vincenzo (E127)
Concerto Barroco às Óperas do Judeu
Francisco Maciel Silveira (E131)
Os Teatros Bunraku e Kabuki: Uma Visada Barroca
Darci Kusano (E133)
O Teatro Realista no Brasil: 1855-1865
João Roberto Faria (E136)
Antunes Filho e a Dimensão Utópica
Sebastião Milaré (E140)
O Truque e a Alma
Angelo Maria Ripellino (E145)
A Procura da Lucidez em Artaud
Vera Lúcia Felício (E148)
Memória e Invenção: Gerald Thomas em Cena
Sílvia Fernandes (E149)
O Inspetor Geral de Gógol/Meyerhold
Arlete Cavaliere (E151)
O Teatro de Heiner Müller
Ruth C. de O. Röhl (E152)
Falando de Shakespeare
Barbara Heliodora (E155)
Moderna Dramaturgia Brasileira
Sábato Magaldi (E159)
Work in Progress na Cena Contemporânea
Renato Cohen (E162)
Stanislávski, Meierhold e Cia
J. Guinsburg (E170)
Apresentação do Teatro Brasileiro Moderno
Décio de Almeida Prado (E172)
Da Cena em Cena
J. Guinsburg (E175)
O Ator Compositor
Matteo Bonfitto (E177)
Ruggero Jacobbi
Berenice Raulino (E182)
Papel do Corpo no Corpo do Ator
Sônia Machado Azevedo (E184)
O Teatro em Progresso
Décio de Almeida Prado (E185)

dipo em Tebas
   Bernard Knox (E186)
epois do Espetáculo
   Sábato Magaldi (E192)
m Busca da Brasilidade
   Claudia Braga (E194)
Análise dos Espetáculos
   Patrice Pavis (E196)
s Máscaras Mutáveis do Buda Dourado
   Mark Olsen (E207)
rítica da Razão Teatral
   Alessandra Vannucci (E211)
aos e Dramaturgia
   Rubens Rewald (E213)
ara Ler o Teatro
   Anne Ubersfeld (E217)
ntre o Mediterrâneo e o Atlântico
   Maria Lúcia de Souza B. Pupo (E220)
ukio Mishima: O Homem de Teatro de Cinema
   Darci Kusano (E225)
Teatro da Natureza
   Marta Metzler (E226)
Margem e Centro
   Ana Lúcia V. de Andrade (E227)
sen e o Novo Sujeito da Modernidade
   Tereza Menezes (E229)
eatro Sempre
   Sábato Magaldi (E232)
Ator como Xamã
   Gilberto Icle (E233)
Terra de Cinzas e Diamantes
   Eugenio Barba (E235)
Ostra e a Pérola
   Adriana Dantas de Mariz (E237)
Crítica de um Teatro Crítico
   Rosangela Patriota (E240)
Teatro no Cruzamento de Culturas
   Patrice Pavis (E247)
isenstein Ultrateatral
   Vanessa Teixeira de Oliveira (E249)
eatro em Foco
   Sábato Magaldi (E252)
Arte do Ator entre os Séculos XVI e XVIII
   Ana Portich (E254)
Teatro no Século XVIII
   Renata S. Junqueira e Maria Gloria C. Mazzi (orgs.) (E256)
Gargalhada de Ulisses
   Cleise Furtado Mendes (E258)
ramaturgia da Memória no Teatro-Dança
   Lícia Maria Morais Sánchez (E259)

A Cena em Ensaios
   Béatrice Picon-Vallin (E260)
Teatro da Morte
   Tadeusz Kantor (E262)
Escritura Política no Texto Teatral
   Hans-Thies Lehmann (E263)
Na Cena do Dr. Dapertutto
   Maria Thais (E267)
A Cinética do Invisível
   Matteo Bonfitto (E268)
Luigi Pirandello: Um Teatro para Marta Abba
   Martha Ribeiro (E275)
Teatralidades Contemporâneas
   Sílvia Fernandes (E277)
Conversas sobre a Formação do Ator
   Jacques Lassalle e Jean-Loup Rivière (E278)
A Encenação Contemporânea
   Patrice Pavis (E279)
As Redes dos Oprimidos
   Tristan Castro-Pozo (E283)
O Espaço da Tragédia
   Gilson Motta (E290)
A Cena Contaminada
   José Tonezzi (E291)
A Gênese da Vertigem
   Antonio Araújo (E294)
A Fragmentação da Personagem no Texto Teatral
   Maria Lúcia Levy Candeias (E297)
Alquimistas do Palco: Os Laboratórios Teatrais na Europa
   Mirella Schino (E299)
Palavras Praticadas: O Percurso Artístico de Jerzy Grotowski, 1959-1974
   Tatiana Motta Lima (E300)
Persona Performática: Alteridade e Experiência na Obra de Renato Cohen
   Ana Goldenstein Carvalhaes (E301)
Como Parar de Atuar
   Harold Guskin (E303)
Metalinguagem e Teatro: A Obra de Jorge Andrade
   Catarina Sant Anna (E304)
Enasios de um Percurso
   Esther Priszkulnik (E306)
Função Estética da Luz
   Roberto Gill Camargo (E307)
Poética de "Sem Lugar"
   Gisela Dória (E311)
Entre o Ator e o Performer
   Matteo Bonfitto (E316)

A Missão Italiana: Histórias de uma Geração de Diretores Italianos no Brasil
  Alessandra Vannucci (E318)
Além dos Limites: Teoria e Prática do Teatro
  Josette Féral (E319)
Ritmo e Dinâmica no Espetáculo Teatral
  Jacyan Castilho (E320)
A Voz Articulada Pelo Coração
  Meran Vargens (E321)
Beckett e a Implosão da Cena
  Luiz Marfuz (E322)
Teorias da Recepção
  Claudio Cajaiba (E323)
A Dança e Agit-Prop
  Eugenia Casini Ropa (E329)
O Soldado Nu: Raízes da Dança Butô
  Éden Peretta (E332)
Teatro Hip-Hop
  Roberta Estrela D'Alva (E333)
Alegoria em Jogo: A Encenação Como Prática Pedagógica
  Joaquim C.M. Gama (E335)
Jorge Andrade: Um Dramaturgo no Espaço-Tempo
  Carlos Antônio Rahal (E336)
Campo Feito de Sonhos: Os Teatros do Sesi
  Sônia Machado de Azevedo (E339)
Os Miseráveis Entram em Cena: Brasil, 1950-1970
  Marina de Oliveira (E341)
Teatro: A Redescoberta do Estilo e Outros Escritos
  Michel Saint-Denis (E343)
Isto Não É um Ator
  Melissa Ferreira (E344)
Autoescrituras Performativas: Do Diário à Cena
  Janaina Fontes Leite (E351)
Do Grotesco e do Sublime
  Victor Hugo (EL05)
O Cenário no Avesso
  Sábato Magaldi (EL10)
A Linguagem de Beckett
  Célia Berrettini (EL23)
Idéia do Teatro
  José Ortega y Gasset (EL25)
O Romance Experimental e o Naturalismo no Teatro
  Emile Zola (EL35)
Duas Farsas: O Embrião do Teatro de Molière
  Célia Berrettini (EL36)
Giorgio Strehler: A Cena Viva
  Myriam Tanant (EL65)
Marta, A Árvore e o Relógio
  Jorge Andrade (T001)
O Dibuk
  Sch. An-Ski (T005)
Leone de'Sommi: Um Judeu no Teatro da Renascença Italiana
  J. Guinsburg (org.) (T008)
Urgência e Ruptura
  Consuelo de Castro (T010)
Pirandello do Teatro no Teatro
  J. Guinsburg (org.) (T011)
Canetti: O Teatro Terrível
  Elias Canetti (T014)
Idéias Teatrais: O Século XIX no Brasil
  João Roberto Faria (T015)
Heiner Müller: O Espanto no Teatro
  Ingrid D. Koudela (org.) (T016)
Büchner: Na Pena e na Cena
  J. Guinsburg e Ingrid Dormien Koudela (orgs.) (T017)
Teatro Completo
  Renata Pallottini (T018)
Barbara Heliodora: Escritos sobre Teatro
  Claudia Braga (org.) (T020)
Machado de Assis: Do Teatro
  João Roberto Faria (org.) (T023)
Luís Alberto de Abreu: Um Teatro de Pesquisa
  Adélia Nicolete (org.) (T025)
Teatro Espanhol do Século de Ouro
  J. Guinsburg e N. Cunha (orgs.) (T026)
Tatiana Belinky: Uma Janela para o Mundo
  Maria Lúcia de S. B. Pupo (org.) (T28)
Peter Handke: Peças Faladas
  Samir Signeu (org.) (T030)
Dramaturgia Elizabetana
  Barbara Heliodora (org.) (T033)
Três Tragédias Gregas
  G. de Almeida e T. Vieira (S022)
Édipo Rei de Sófocles
  Trajano Vieira (S031)
As Bacantes de Eurípides
  Trajano Vieira (S036)
Édipo em Colono de Sófocles
  Trajano Vieira (S041)
Agamêmnon de Ésquilo
  Trajano Vieira (S046)
Antígone de Sófocles
  Trajano Vieira (S049)
Lisístrata e Tesmoforiantes de Aristófanes
  Trajano Vieira (S052)
Teatro e Sociedade: Shakespeare
  Guy Boquet (K015)
Alteridade, Memória e Narrativa
  Antonia Pereira Bezerra (P27)
Lisístrata e Tesmofioriantes, de Aristófanes

Trajano Vieira (s52)
Persas de Ésquilo
Trajano Vieira (s55)
Eleonora Duse: Vida e Obra
Giovanni Pontiero (PERS)
Linguagem e Vida
Antonin Artaud (PERS)
Ninguém se Livra de seus Fantasmas
Nydia Licia (PERS)
Cotidiano de uma Lenda
Cristiane Layher Takeda (PERS)
Vsévolod Meierhold ou A Invenção da Encenação
Gérard Abensour (PERS)
Os Antonin Artaud
Florence de Mèredieu (PERS)
Eleonora Duse: Vida e Obra
Giovanni Pontiero (PERS)
Linguagem e Vida
Antonin Artaud (PERS)
Ninguém se Livra de seus Fantasmas
Nydia Licia (PERS)
Sábato Magaldi e as Heresias do Teatro
Maria de Fátima da Silva Assunção (PERS)
Vsévolod Meierhold: Ou a Invenção da Cena
Gérard Abensour (PERS)
Dembinski, Aquele Bárbaro Sotaque Polonês
Aleksandra Pluta (PERS)
História Mundial do Teatro
Margot Berthold (LSC)
O Jogo Teatral no Livro do Diretor
Viola Spolin (LSC)

Dicionário de Teatro
Patrice Pavis (LSC)
Dicionário do Teatro Brasileiro: Temas, Formas e Conceitos
J. Guinsburg, João Roberto Faria e Mariangela Alves de Lima (LSC)
Jogos Teatrais: O Fichário de Viola Spolin
Viola Spolin (LSC)
Br-3
Teatro da Vertigem (LSC)
Zé
Fernando Marques (LSC)
Últimos: Comédia Musical em Dois Atos
Fernando Marques (LSC)
Jogos Teatrais na Sala de Aula
Viola Spolin (LSC)
Uma Empresa e seus Segredos: Companhia Maria Della Costa
Tania Brandão (LSC)
O Teatro Laboratório de Jerzy Grotowski
Ludwik Flaszen e Carla Pollastrelli (cur.) (LSC)
Queimar a Casa: Origens de um Diretor
Eugenio Barba (LSC)
Rastros: Treinamento e História de uma Atriz do Odin Teatret
Roberta Carreri (LSC)
Rumo a um Novo Teatro &Cena
Edward Gordon Craig (LSC)

Este livro foi impresso em Cotia,
nas oficinas da Meta Brasil,
para a Editora Perspectiva.